Fa

Mit leuchtend

FABIAN VOGT

Mit leuchtenden Augen

40 biblische Begegnungen mit Jesus, die bis heute Kraft haben

SCM

R.Brockhaus

SCM

Stiftung Christliche Medien

SCM R. Brockhaus ist ein Imprint der SCM Verlagsgruppe,
die zur Stiftung Christliche Medien gehört, einer gemeinnützigen Stiftung,
die sich für die Förderung und Verbreitung christlicher Bücher,
Zeitschriften, Filme und Musik einsetzt.

© 2024 SCM R.Brockhaus in der SCM Verlagsgruppe GmbH
Max-Eyth-Straße 41 ·71088 Holzgerlingen
Internet: www.scm-brockhaus.de; E-Mail: info@scm-brockhaus.

Lektorat: Karoline Kuhn
Umschlaggestaltung: Andreas Sonnhüter; www.grafikbuero-sonnhüter.de
Titelbild: Rusyn (shutterstock)
Satz: typoscript GmbH, Walddorfhäslach
Druck und Bindung: GGP Media GmbH, Pößneck
Gedruckt in Deutschland
ISBN 978-3-417-01017-6
Bestell-Nr. 227.001.017

Inhalt

Liebeserklärungen: Menschen erzählen –
von ihren Erfahrungen mit Jesus 7

1. Maria 11
2. Josef 16
3. Elisabeth 21
4. David 26
5. Melchior 31
6. Simeon 36
7. Johannes der Täufer 41
8. Andreas 46
9. Nathanael 50
10. Tobias 54
11. Matthäus 58
12. Maria Magdalena 62
13. Zachäus 66
14. Die Syrophönizierin 70
15. Petrus 75
16. Bascha 79
17. Der Besessene 84
18. Die Ehebrecherin 88
19. Die Frau mit Blutungen 93
20. Der Hauptmann von Kapernaum 97
21. Die Frau am Jakobsbrunnen 101

22. Der Gelähmte am Teich Bethesda 106

23. Johannes, der Jünger 110

24. Jakobus 114

25. Lazarus 118

26. Marta 122

27. Die Frau mit dem Salböl 126

28. Nikodemus 130

29. Bartimäus 135

30. Judas 140

31. Procula 145

32. Simon von Kyrene 149

33. Dismas 154

34. Josef von Arimathäa 159

35. Salome 164

36. Thomas 169

37. Kleopas 173

38. Thaddäus 178

39. Stephanus 183

40. Paulus 188

Nachwort: 193

   Welche Liebesgeschichte erzähle ich? 193

Materialien für Gruppen 197

Über den Autor 199

Anmerkungen 200

Liebeserklärungen:

Menschen erzählen –
von ihren Erfahrungen mit Jesus

Die ersten 40 Jahre des Christentums haben einen besonderen Charme – weil es damals noch keine Evangelien gab, also: keine Texte, in denen die Frauen und Männer jener Zeit die Geschichte Jesu hätten nachlesen können. Stattdessen haben die Menschen erzählt. Mit leuchtenden Augen. Sie haben einander von all den Dingen berichtet, die sie von diesem einzigartigen Wanderprediger gehört hatten. Das war mündliche Überlieferung pur.

Und natürlich wurden in dieser Zeit vor allem die Zeitzeuginnen und Zeitzeugen gefeiert: Diejenigen, die Jesus persönlich getroffen hatten. Ja, wenn diese Leute anfingen, von ihren Begegnungen mit dem Sohn Gottes zu schwärmen, dann lauschten die Zuhörerinnen und Zuhörer wie gebannt: »Wahnsinn! Die oder der da war leibhaftig dabei, als Jesus in Jerusalem einzog … als er den Aussätzigen in Kapernaum heilte … als er am Kreuz hing … als er nach der Auferstehung noch einmal seiner verblüfften Jüngerschar begegnete.«

Die Sammlung »Mit leuchtenden Augen« ist der Versuch, uns in diese Zeit zurückzuversetzen – wie in einer kleinen Zeitreise.

Sie nimmt uns mit in die dynamische Aufbruchszeit des 1. Jahrhunderts und lässt 40 biblische Personen zu Wort kommen, die als Weggefährten von ihren individuellen Erfahrungen mit Jesus erzählen. Von dem, was ihre Begegnungen mit ihm ausgelöst haben ... und wie sie dadurch verändert wurden: von seiner Mutter Maria über Johannes den Täufer, vom Jünger Petrus über den Pharisäer Nikodemus und von der Ehebrecherin bis zum Märtyrer Stephanus.

Mit ein bisschen Fantasie können wir uns ganz leicht vorstellen, wie diese Frauen und Männer an einem lauen Sommerabend in einem antiken Atrium stehen und die Zuhörerschaft an ihren Erinnerungen teilhaben lassen.

Interessanterweise sind sich viele Wissenschaftlerinnen und Wissenschaftler einig, dass die aktuelle Krise des Glaubens im Westen auch damit zu tun hat, dass wir verlernt haben, einander so wie die frühen Christinnen und Christen an unseren spirituellen Erfahrungen teilhaben zu lassen. So zu erzählen, wie es die Menschen in diesem Buch tun. Ja, wir sind es nicht mehr gewohnt, begeistert über geistliche Erlebnisse zu sprechen. Kurz gesagt: Wir haben eine Erzählkrise – und sollten das Erzählen neu feiern. Diese Geschichten tun es!

Natürlich reden viele nach wie vor gern über biblische Texte, vergessen aber gelegentlich, dass diese erst dort relevant werden, wo wir uns zu ihnen in Beziehung setzen, wo wir – wie die Zeitzeugen – selbst erzählen können, was solche Erfahrungen mit uns gemacht haben. Vielleicht sind die 40 Miniaturen in diesem

Buch deshalb auch so etwas wie eine kleine Versuchsreihe für eine neue Erzählkultur.

Natürlich nehme ich mir bei der Umwandlung der biblischen Geschichten in individuelle Augenzeugenberichte einiges an künstlerischer Freiheit. Schließlich kann niemand genau wissen, was Petrus empfunden hat, als er auf dem Wasser gelaufen ist. Gleichzeitig kennen wir alle das Gefühl, etwas ganz Unerwartetes zu erleben – und die ungewöhnliche Kraft der biblischen Geschichten liegt ja gerade darin, dass wir uns in ihnen wiederfinden. Mit all unseren Ängsten, Hoffnungen, Sehnsüchten und Erwartungen. Deshalb finde ich es sehr anregend, mich auch in die Gefühle von Petrus hineinzudenken.

Wer ab und an im Neuen Testament liest, weiß: Eigentlich redet Jesus am liebsten über die Liebe. Die Liebe in all ihren Facetten. Und von Gott, der Quelle aller Liebe. Deshalb betont Jesus auch, dass im Zentrum des Glaubens das Doppelgebot der Liebe steht: »Du sollst Gott lieben und deinen Nächsten wie dich selbst« (vgl. Matthäus 22,37-39).

Für mich heißt das: Wenn Menschen mit Jesus in Kontakt kommen, dann steckt darin immer auch eine Liebesgeschichte. Und wenn begeisterte Menschen berichten, wie die Begegnung mit Gott ihnen einen neuen Lebenshorizont geschenkt hat, dann sind das letztlich Liebeserklärungen – Liebeserklärungen an das Leben. Schließlich verkündet Jesus: »Ich bin das Leben« (vgl. Johannes 14,6).

Ich habe die 40 Liebeserklärungen in diesem Buch übrigens halbwegs chronologisch angeordnet. Ich beginne mit den Personen, die von Jesu Geburt erzählen können, und schließe mit denen, die auch nach seiner Himmelfahrt noch eine lebensverändernde Erfahrung mit ihm gemacht haben. So entsteht aus den ganz unterschiedlichen Perspektiven der Erzählenden wie in einem Mosaik ein einzigartiges Porträt Jesu. Quasi ein »Evangelium« aus »Zeugnissen«.

Wie Sie mit den Texten in »Mit leuchtenden Augen« umgehen, liegt übrigens ganz bei Ihnen. Ich habe mich bemüht, sie vielfältig einsetzbar zu machen: Sie können das Buch in einem Rutsch durchlesen, Sie können die einzelnen Kapitel aber auch als persönliche Andachten für jeden Tag oder zum Vorlesen in Gruppen und Kreisen verwenden. Und weil ich es nach wie vor großartig finde, wenn Geschichten zum Weiter-Denken anregen, gibt es zu jedem Text Materialien, mit deren Hilfe Sie mit anderen darüber ins Gespräch kommen können.

So, und jetzt geht es los! 40 Frauen und Männer erzählen uns, wie es war, als sie Jesus begegnet sind. Und hoffentlich machen sie uns Mut, irgendwann auch unsere eigenen Geschichten zu erzählen. Willkommen in der Erzählgemeinschaft!

Fabian Vogt

1. Maria

DIE VERKÜNDIGUNG DES ENGELS

Ich dachte lange, himmlische Erscheinungen passieren nur an heiligen Orten. In Jerusalem. Im Tempel. Oder zumindest in einer Synagoge. Aber dann stand er da plötzlich … mitten in meinem Haus, einem Haus aus Lehm in der Provinzstadt Nazareth: ein Engel.

Habe ich ihn sofort als Engel erkannt? Also … ich weiß nicht mehr. Das ging alles so schnell. Doch ich weiß noch, dass der Fremde eine tiefe, raue Stimme hatte. Als würden schwere Steine aneinanderreiben.

»Schalom, Maria, du Begnadete! Gott ist mit dir.«

Fast wäre mir die Tonschüssel aus der Hand gefallen. »Du Begnadete«? Das sagt doch nur jemand, der was von einem will. Aber was kann ein Engel schon von einer Vierzehnjährigen wollen? Ich meine: Was habe ich mit dem Himmel zu schaffen? Ein Mädchen? Fast noch ein Kind. All das jagte mir durch den Kopf. Und vor allem: *Was will dieser Bote bloß von mir?*

Er hat wohl gesehen, dass ich vor Schreck einen Schritt zurück gemacht habe, in Richtung Tisch, denn er fügte sanft hinzu: »Maria! Hab keine Angst, du hast bei Gott Gnade gefunden.« Da! Da war es wieder, das mit der Gnade. Nur klang es diesmal, als wäre ich … ich weiß nicht, wie ich es sagen soll … zu irgendwas auserwählt. Ich? Aber zu was? Vor lauter Verblüffung habe ich nur ungläubig den Kopf geschüttelt, mit aufgerissenen Augen, und den Engel fragend angeschaut.

Dann überbrachte er mir seine Botschaft: »Maria! Du wirst ein Kind bekommen. Du wirst einen Sohn gebären und sollst ihm den Namen Jesus geben. Er wird sehr bedeutend sein, und sie werden ihn den ›Sohn des Höchsten‹ nennen. Gott wird ihm den Thron Davids geben, und er wird über Israel herrschen für alle Zeit.«

Fast hätte ich angefangen zu kichern. Wusste der Engel denn nicht, dass ich schon verlobt war? Mit Josef, dem Bauhandwerker unseres Ortes? Einem Bekannten meines Vaters? Oder glaubte der Engel möglicherweise, ich hätte schon mit einem anderen …

Verdutzt habe ich gestottert: »Wie soll das denn gehen? Ich war doch noch nie mit einem Mann zusammen.« Oder meinte er, dass ich mein erstes Kind mit Josef später einmal Jesus nennen sollte? Ging es darum? Nein, wohl kaum. Denn dann wäre dieser Junge ja nicht der »Sohn des Höchsten«.

Wenn ich heute an all das zurückdenke, dann scheint mir, dass der Engel in diesem Moment lächelte. Aber ich bin mir nicht sicher. Lächeln Engel überhaupt? Oder schauen sie nur verklärt? Keine Ahnung. In meiner Erinnerung zumindest hat der Engel gelächelt. Sehr verständnisvoll. Und seine Stimme klang jetzt viel weicher: »Maria! Der Geist Gottes wird über dich kommen und die Kraft des Höchsten wird dich überschatten. Deshalb wird das Kind heilig und Sohn Gottes genannt werden. Vergiss nie: Auch deine Verwandte Elisabeth hat im Alter einen Sohn empfangen, obwohl sie als unfruchtbar galt. Weil für Gott nichts unmöglich ist.«

In diesem Moment war in mir nur noch ein Gedanke: *Warum ich? Gibt's da draußen nicht tausend andere Frauen, die für so eine bedeutende Aufgabe viel besser geeignet wären als ich? Allein unser Dorf Nazareth ist voller Frauen, die ich für wesentlich begabter, unbeschwerter, fröhlicher und fleißiger halte. Also: Warum gerade ich?* Es ergab einfach keinen Sinn.

Ich erinnere mich noch, wie durcheinander ich in diesem Augenblick war. Konnte es ernsthaft sein, dass Gott mich auserwählt hatte? Mich, die verträumte, ungeschickte Maria, die noch nicht mal einen anständigen Linseneintopf hinbekam – wie meine Mutter gern betonte? Dass Gott mit mir die Welt verändern wollte? Dass Gott mit mir Geschichte schreiben wollte? Dieser Gedanke schien mir völlig absurd. Seine große, heilige Geschichte. Das war schlicht unmöglich!

Aber dann drangen allmählich die Worte des Engels zu mir durch: Auch meine steinalte Verwandte Elisabeth war durch ein Wunder schwanger geworden – obwohl sie längst alle Hoffnung aufgebeben hatte. Sie war schwanger geworden, »weil für Gott nichts unmöglich ist«. Und wenn für ihn nichts unmöglich ist, dann kann er auch mit mir, dann kann er mit jedem Menschen die Welt verändern.

Weil es nicht darum geht, welche Kraft ich in mir trage, sondern darum, dass mich die Kraft des Höchsten »überschattet«, wie unsere Sänger es poetisch ausdrücken. Dass seine Kraft mich einhüllt, umhüllt, durchdringt, sich wie eine weiche Wolke auf mich legt, bis ich ganz und gar erfüllt bin von der Liebe Gottes, die meine Zweifel voller Zärtlichkeit eines Besseren belehrt.

Da habe ich verstanden, dass ich den Mut haben kann, nein, dass ich den Mut haben *will*, das Unmögliche zu denken. Weil bei Gott nichts unmöglich ist. Nichts! Und ich habe gespürt: Wenn ich bereit bin, Unmögliches zu denken … dann kann es möglich werden.

Ich glaube, ich habe damals zweimal geschluckt. Dann habe ich den Kopf gehoben, mich geräuspert und den Engel angeschaut. Eindringlich. Zuversichtlich. Entschlossen. Um mit fester Stimme zu sagen: »Ich bin Gottes Magd. Mir soll geschehen, was du gesagt hast.«

Und noch während die Worte im Raum hingen, geschah es. Mit mir. Durch mich. Für mich. Ich wusste auf einmal, dass ich ein Kind erwarte. Das Kind, das ich bei seiner Geburt Jesus nennen würde. Ich starrte ungläubig auf meinen pulsierenden Bauch – und als ich den Blick wieder hob, war der Engel verschwunden.

Aber das machte nichts, denn der Himmel war ja jetzt in mir.

ZUM WEITER-DENKEN

Maria wird als eine der großen Figuren der Weltgeschichte verehrt, weil sie nicht zögerte, das Unmögliche für möglich zu halten – trotz einer höchst ungewöhnlichen Situation. Ist das Glaube?

- Wann ist mir schon mal etwas gelungen, von dem ich lange dachte: Das ist eigentlich (für mich) unmöglich?
- Wie und wodurch könnte ich die Welt verändern – und sei es erst einmal in ganz kleinen Schritten?

- Jesus sagt »Alles ist möglich dem, der glaubt!« Stimmt das? Und wenn ja, was könnte das für mich bedeuten?
- Kenne ich das Gefühl »Der Himmel ist in mir«? Und wodurch zeichnet sich dieses Gefühl aus?

Bibeltext: Lukasevangelium 1,26-38

2. Josef

DAS UNMÖGLICHE DENKEN

Ich sag's euch ganz ehrlich: Das Ganze war eine Riesensauerei. Ob ich geweint habe? Natürlich hab ich das! Und wie! Getobt habe ich. Und geflucht. Ich, den sie im Dorf den »frommen Josef« nennen. Beschimpft habe ich sie ... als »Flittchen«!

Maria saß vor mir auf einem Holzklotz und hatte mir gerade ihre absurde Geschichte aufgetischt. Ein Hirngespinst. Wie ich fand. Ein Ammenmärchen. Von einem Engel ... einer Prophezeiung ... und dass »die Macht des Höchsten sie überschattet« habe. Die Macht des Höchsten! Aber klar! Betrogen hatte sie mich. Punkt. Wie gesagt: eine Riesensauerei.

Jetzt saß sie da – schwanger. Aber eben nicht von mir. Ich hatte sie ja nie angefasst. Auch wenn ich das bisweilen gern gemacht hätte. Sehr gern sogar! Schwanger, die Verlobte des frommen Josef! Schwanger! Wo jeder weiß, dass eine Verlobung schon vor der Heimholung der Braut rechtlich als Ehe gilt. Sie war meine Frau. MEINE!

Ich war völlig verstört ... und wollte diesen ganzen Kram mit dem Engel überhaupt nicht hören. »Hör auf, es dir schönzureden!«, habe ich geschrien. »So, wie es alle machen, die Mist gebaut haben. Sie basteln sich irgendeine tolldreiste Erklärung zusammen, statt die Dinge beim Namen zu nennen. Soll ich

dir sagen, wie man das nennt, was du gemacht hast? Ehebruch!
EHEBRUCH!«

Am liebsten hätte ich sie bei ihren schmalen Schultern
gepackt und geschüttelt: »Sag mir, Maria, was habe ich falsch
gemacht? Sprich! Habe ich dich nicht genug geliebt? Hätte ich dir
mein Begehren zeigen sollen? Wenn du unbedingt einen Mann
wolltest, warum hast du nicht mich genommen?«

Heute bereue ich meinen Zorn. Meine Raserei. Aber ich war
so gedemütigt, so verletzt. Und wer verletzt ist, der verletzt andere – wie unser Geistlicher ständig betont. Heute frage ich mich
natürlich, warum ich es nicht für möglich gehalten habe, dass
Marias Geschichte wahr ist. Nicht für einen Augenblick. Vermutlich, weil ich nur meine Wahrheit sehen konnte. Wie so oft. Ich
konnte mir beim besten Willen nicht vorstellen, dass sie wahrhaftig eine Gotteserfahrung gemacht hatte. Ich Kleingläubiger.

Während ich mich noch vor ihr aufgebaut hatte, durchzuckte
es mich und ich trat einen Schritt zurück: »Moment mal! Wer
eine Ehebrecherin heiratet, der gilt ja selbst als Ehebrecher.«
O Gott. Ich, der fromme Josef, ein Ehebrecher! Was für eine
Schande. Das konnte ich nicht ertragen. Was würden meine
Freunde sagen? Oder noch schlimmer: Was würden sie denken?
Und tuscheln? Hinter vorgehaltener Hand?

Gut, ich war der Getäuschte, aber Maria … ihr drohte wegen
des Ehebruchs vermutlich die Steinigung. Als Tochter eines
Priesters sogar eine Verbrennung. Und: Man würde sie vorher
an den Pranger stellen, öffentlich: »Schaut sie euch an, die lieder-

liche, gottlose Sünderin! Schande. Schande. SCHANDE!« Alle würden sie bespucken und verhöhnen. Grauenhaft.

Niemand in Nazareth, nicht einmal der frömmste Jude, würde ihr das krude Gefasel von der Erscheinung eines Engels abnehmen. Im Gegenteil, vermutlich würden sie Maria auch noch Gotteslästerung anhängen. »Die Macht des Höchsten hat mich überschattet.« Wer's glaubt. Ich jedenfalls nicht.

Was hättet ihr gemacht, in meiner Situation? Männer? Ganz ehrlich? Mir fielen in meiner Verzweiflung nur zwei Optionen ein: Ich konnte Maria anklagen. Sie vor Gericht bringen. Damit wäre ich fein raus gewesen. Sobald ihre Schwangerschaft sichtbar geworden wäre, hätten alle erkannt, was los ist, und sie wäre verurteilt worden ...

Aber – und das war womöglich das Verstörendste von allem – wie sie da so saß, vor mir auf dem Holzklotz, so gar nicht eingeschüchtert, sondern mit einem hellen Funkeln in den Augen, da wurde mir bewusst, wie sehr ich sie liebte. Ich wollte nicht, dass es ihr schlecht geht. Ich wollte nicht, dass sie gesteinigt wird. Ich wollte nicht, dass sie sterben muss. Trotz allem, was passiert war.

Also blieb nur ... eine Trennung. Die Auflösung unserer Verlobung. Dann konnte sie den Vater ihres Kindes heiraten oder irgendwohin weit weg gehen. Was weiß ich? War mir auch egal. Wir würden das Ganze diskret handhaben, sodass niemand misstrauisch werden würde. Heimlich, als wäre es etwas ganz Normales. Vor allem würden wir die Sache mit dem Engel keinem auf die Nase binden.

An diesem Abend habe ich Maria empört nach Hause geschickt und mich früh schlafen gelegt. Obwohl ich so aufgewühlt war. Pah! Ein ENGEL!

Und dann war er plötzlich da. Vor mir. Neben mir. In mir. Der Engel, an den ich nicht hatte glauben können. Habe ich geträumt? In jener Nacht? Vermutlich. Ich habe ja geschlafen. Aber bei mir war er trotzdem.

Der Engel deutete auf mich und redete besänftigend auf mich ein: »Josef, du Sohn Davids, fürchte dich nicht, bei Maria, deiner Frau, zu bleiben; denn das, was sie in sich trägt, ist vom Heiligen Geist. Sie wird einen Sohn zur Welt bringen, dem sollst du den Namen Jesus geben, und er wird sein Volk von ihren Sünden retten.«

Damit war alles gesagt. Mehr brauchte es nicht.

Ich bin nach dieser Erscheinung unmittelbar aufgewacht ... dann bin ich wie ein Wilder zu Maria gerannt und habe sie weinend um Verzeihung gebeten: »Vergib mir, dass ich an dir gezweifelt habe. Vergib mir, dass ich nicht an deinen Engel glauben wollte. Vergib mir, dass dein Engel erst mein Engel werden musste, bevor ich verstehen konnte, dass deine Erfahrung wahr ist.«

Später, wenn ich mal wieder etwas nicht verstanden habe, was sie mir mitteilen wollte, hat sie gern schmunzelnd hinzugefügt: »Ich wünsche mir, dass du meinen Engel siehst.« Und ich frage mich oft ... ist das vielleicht eine Definition von Liebe: Du bist mir so nah, dass ich deinen Engel sehe?

ZUM WEITER-DENKEN

Josef kann – verständlicherweise – nicht glauben, was nicht in sein Weltbild passt. Er lernt, den eigenen Standpunkt infrage zu stellen und eine neue Perspektive einzunehmen.

- Wann habe ich mir schon mal selbst im Weg gestanden, weil ich unbedingt an meiner Meinung festhalten wollte?
- Ist mir das schon mal passiert: dass ich die Perspektive der oder des anderen einnehmen musste, um eine Situation zu verstehen?
- War es klug von Josef, sich in die Situation zu fügen – oder hätte er doch lieber die Flucht ergreifen sollen?
- »Glaube ist ein Nichtzweifeln an dem, was man nicht sieht«, sagt der Hebräerbrief. Würde ich das unterschreiben?

Bibeltext: Matthäusevangelium 1,18-25

5. Elisabeth

DER LOBGESANG MARIAS

Diesen Anblick werde ich nie vergessen. Wie Maria da vor mir stand und anfing zu singen. Einfach so. Aus heiterem Himmel. Hingegeben und fröhlich. Mit weit ausgebreiteten Armen. Ja, das Bild hat sich mir eingebrannt: diese junge Frau, die sich beim Singen so ausgelassen drehte, dass ihr das raue Gewand um die Beine flog. Wie ein Wirbelwind!

»Meine Seele feiert Gott, und mein Geist freut sich über ihn, meinen Retter. Denn er hat mich angesehen, obwohl ich nur eine Magd bin. Er hat etwas Großartiges an mir getan«, hat sie gerufen. Und dabei unfassbar glücklich ausgesehen. So beseelt. So erfüllt. Ich bin inzwischen überzeugt: Was ihr in dieser Schwangerschaft wirklich widerfahren war, das hatte sie erst jetzt – gerade eben – in seiner ganzen Tragweite erkannt. Sie war eine Auserwählte des Himmels. Darum hat sie so leidenschaftlich gesungen: »Gott hat etwas Großartiges an mir getan.«

In Nazareth war es in den Wochen zuvor vor allem darum gegangen, einen Skandal zu vermeiden. Dafür zu sorgen, dass es kein Gerede gab: »Wir müssen die Sache irgendwie vertuschen.« Darum hatte sich Maria ja auch auf den Weg ins judäische Bergland gemacht, um mich zu besuchen: raus aus dem Tohuwabohu. Zur Ruhe kommen. Abstand gewinnen. Bei einer Freundin Halt finden.

Das Erstaunliche ist: Ich habe gewusst, was mit ihr los war, noch bevor sie ein Wort gesagt hat. Denn als sie im Türrahmen stand und – erschöpft von der langen Reise – mit dem Friedensgruß »Schalom« eintreten wollte, da hüpfte das Kind in meinem eigenen Bauch ... als würde es die Gegenwart von Marias Kind spüren. Als wolle es meine Bauchdecke durchdringen, um dieses andere Menschlein in die Arme zu schließen.

Das habe ich stattdessen gemacht: Ich habe Maria in den Arm genommen. Und plötzlich waren da Worte in meinem Mund, die ich nicht erdacht hatte: »Unter den Frauen bist du besonders gesegnet – und gesegnet ist das Kind in dir. Selig bist du, weil du geglaubt hast.«

Sofort legte meine Freundin die Hände schützend auf ihren Bauch, dem man die Schwangerschaft noch gar nicht ansah. Instinktiv. Als hätte ich sie ertappt. Natürlich ... ich sollte, ich durfte davon ja noch gar nichts wissen. Wahrscheinlich hatte sie es mir erst zu später Stunde im Schutz der Dunkelheit anvertrauen wollen.

Aber egal, jetzt war es ausgesprochen. Laut – und ohne Angst. Und damit brachen bei Maria alle Dämme. Jetzt konnte sie das Wunder feiern. Endlich! Ihr Wunder. Ich verstehe, dass sie angefangen hat zu singen. Wes das Herz voll ist, des quillt der Mund über. Aber das war noch nicht alles. Maria schien mit einem Mal begriffen zu haben, welche Dimension das alles hatte. Es ging ja nicht nur um den Engel und um ihren Bauch, es ging um ... darum, dass sich alles ändern würde. In der Welt.

Und so wurde ihre Lobeshymne zu einem Revolutionslied: »Gott beschämt die Arroganten, er holt die Herrschenden von ihrem Thron und erhöht die Niedrigen. Wer Hunger hat, den macht er satt und lässt die Reichen leer ausgehen.« Und immer wieder der Satz: »Gott hat etwas Großartiges an mir getan.«

Ich habe mich mit ihr gefreut. Denn ich wusste: Es stimmt! *Gott hat etwas Großartiges an ihr getan. So, wie er etwas Großartiges an mir getan hat.* Jede Frau, die sich nichts sehnlicher wünscht, als ein Kind zu bekommen, weiß, wovon ich rede. Zacharias und ich … wir hatten alles versucht, um schwanger zu werden. Monat für Monat. Jahr für Jahr. Und jedes Mal, wenn es mir wieder nach der Frauen Weise ging, fühlte sich das an wie ein kleiner Tod. Ein weiteres Leben, das uns verwehrt worden war. Und dazu die Schmach: eine Frau, die keine Kinder kriegt …

Dann war Zacharias ein Engel erschienen. Im Tempel in Jerusalem. Sodass letztlich alles dort begann. Der Engel hatte meinem Mann ein Kind versprochen – und dass dieses Kind ein Prophet sein würde. Johannes. So sollte unser Kind heißen: Johannes. Aber Zacharias hatte nicht mehr die Kraft, noch einmal auf ein Wunder zu hoffen: »Meine Frau und ich – wir sind beide viel zu alt.« Und ich vermute, dass er dabei den Mundwinkel ein wenig spöttisch hochgezogen hat, wie er es des Öfteren tut.

Weil Zacharias, anders als Maria, dem Engel nicht geglaubt hat, hat es ihm die Sprache verschlagen: Sei stumm! Und mein Mann ist verstummt. Wortwörtlich. Und war es bis zu diesem Tag immer noch. Sehr befremdlich: ein schweigender Mann.

Aber ich bin schwanger geworden. Trotz seines Unglaubens. Ja, so standen wir nun da, Maria und ich: zwei unverhofft Schwangere, bei deren Empfängnis jeweils der Himmel mitgeholfen hatte.

Heute, wenn ich mich an diese Begegnung zurückerinnere, wird mir bewusst, warum wir Frauen Freundinnen brauchen. Gleichgesinnte. Manchmal auch Mentorinnen. Weil ab und an jemand nötig ist, der einem das sagt, was man sich nicht selbst sagen kann. Oder nicht sagen will. Oder sich nicht zu sagen traut.

Wer sagt sich denn schon selbst: »Ich bin gesegnet!« Das wirkt selbstherrlich. Aber ich, ich konnte ihr das sagen: »Maria, du bist besonders gesegnet ... unter den Frauen.« Und wisst ihr was? Das hat sie mir am gleichen Abend ebenfalls zugesprochen: »Elisabeth. Auch du bist besonders gesegnet.« Da ging mein Herz auf.

Manchmal fragen mich Leute, warum ich so gern andere Menschen umarme und ihnen sage, dass sie gesegnet sind. Weil ich mit Maria erlebt habe, welche Kraft solche Worte haben. Wie sie Menschen beflügeln und befreien. Wie der Segen, indem ich ihn ausspreche, anfängt zu wirken. Wie er mein Gegenüber verändert. Wir sagen einander viel zu selten, dass wir gesegnet sind.

Aber ich ... ich kann es nicht lassen. Nicht mehr. Darum sage ich jetzt euch: »Hey, du da, gesegnet bist du unter den Frauen. Und du da, gesegnet bist du unter den Männern.«

ZUM WEITER-DENKEN

Elisabeth erlebt, wie befreiend es für Menschen sein kann, wenn man ihnen einen Segen zuspricht: Maria fängt vor Freude an zu singen. Solche Segenserfahrungen gibt es bis heute.

- Wie würde ich Segen definieren? Und was zeichnet einen »gesegneten Menschen« aus?
- Habe ich selbst schon einmal eine »Segenserfahrung« gemacht — und wie war das für mich?
- Die Bibel lädt jeden Menschen ein, andere Menschen zu segnen. Mache ich das regelmäßig?
- Jesus sagt sogar: »Segnet eure Feinde!« Warum ist ihm das wohl so wichtig?

Bibelstelle: Lukasevangelium 1,39-56

4. David

DIE HIRTEN AUF DEM FELD

Erst hat Schmuel einen anstößigen Witz erzählt. Über zwei dralle Frauen beim Baden im See. Dann hat er ins Feuer gespuckt. Und dann hat er gelästert. Logisch. Wie immer. Über all diese dämlichen Typen, die wegen der bekloppten Volkszählung in ihre Heimatdörfer ziehen müssen.

Er hatte ja recht. Auch Bethlehem, unsere schmuddelige Heimatstadt, war seit Tagen überfüllt. So was gab's noch nie. An diesem Nachmittag hatte es beim Bäcker kein Brot mehr gegeben. Alles weggefressen von ausgehungerten Reisenden. So ein Mist! Und jede noch so schäbige Bettstatt im Ort war belegt. Selbst auf der Straße lungerten die Leute rum. Richtig eklig.

Na ja, dachte ich, *manche freut's. Unser Wirt, dieser Halsabschneider, macht das Geschäft seines Lebens. Und fast jeder versucht, vor seinem Haus irgendein Zeug zu verkaufen: Gemüse, Obst, Fleisch, Stoffe oder einen Schluck sauren Wein. Mir kann's ja egal sein. Wir Hirten bleiben ohnehin lieber für uns. Draußen auf dem Feld. Am Lagerfeuer. Unter freiem Sternenhimmel. Das fühlt sich majestätischer an als jeder noch so prächtige Palast.*

Schmuel hielt mir gerade seinen Napf mit irgendeinem undefinierbaren Fraß hin ... und in diesem Moment geschah es, mitten in der Nacht ... im Stockdunkeln. Ja, glaubt mir: Erst war es stockfinster, dann wurde es plötzlich taghell. Mitten in der

Nacht. Ja: Es wurde Licht! Ein Leuchten, wie ich es nie zuvor gesehen hatte. Hell wie die Sonne! So hell, dass ich die Augen zusammenkneifen musste.

Es heißt zwar, wir Hirten seien nicht besonders gescheit. Aber eines sage ich euch: Wir erkennen die *Schechina*, die Herrlichkeit Gottes. Natürlich! Diese Erleuchtung, die war nicht von dieser Welt. Das, was uns durchflutete, das war ... der Glanz der Ewigkeit.

Und ich sag mal so: Wenn in der Nacht ein Schakal oder ein Löwe kommt, dann weißt du als Hirte, was du zu tun hast. Dann schnappst du dir deinen Stock und haust zu. Wumms! Aber was machst du, wenn mitten in der Nacht Boten des Himmels vor dir auftauchen? Gute Frage, oder?

Schmuel ist weggerannt. Der Feigling. Jakob hat kurzerhand seinen Kopf zwischen die Beine geklemmt und gewimmert ... und ich habe erst nach langer Zeit gemerkt, dass mein Mund sperrangelweit offenstand. So erschrocken war ich. So verängstigt. So geschockt.

Dann ertönte eine laute Stimme ... von irgendwoher: »Fürchtet euch nicht, denn siehe: Ich bringe euch eine gute Nachricht, Freude für das ganze Volk.« *Fürchtet euch nicht!* Diese drei Wörter klangen in mir nach: *Fürchtet euch nicht!* Hieß das: Es ist grundsätzlich möglich, alle Ängste, die in einem toben, zu überwinden? Ganz ohne Furcht zu leben? Sich von nichts und niemandem mehr bange machen zu lassen? Selbst von Gott nicht? Krass!

Ich weiß noch, dass mir daraufhin eine komische Frage durch den Kopf schoss: ... *für das ganze Volk? Heißt das: auch für mich?*

Ja, was der Himmel da von sich gab, das galt anscheinend auch für mich. Für mich, David, den von den meisten Dörflern verachteten Hirten, draußen auf dem Feld. Mehr noch: Der Engel hatte sich heute nicht den Machthabenden offenbart, sondern war direkt zu uns gekommen, zu den mittellosen Hirten.

Aber was war denn nun die grandiose Botschaft?

Als hätte sie meine Frage gehört, fuhr die Stimme fort: »Für euch ist heute der Retter geboren. Der Messias in der Stadt des Königs David.« Der Stadt Davids?! Das waren wir. Das war unser Kaff. Mein Kaff. Bethlehem. Der Geburtsort des mächtigen Herrschers von Israel, der so hieß wie ich.

Und der Retter ... das war doch der, von dem unsere Gelehrten dauernd redeten: der von Gott verheißene Messias, der unser Volk erlösen würde. Eines Tages. Von allem Bösen.

In diesem Moment legte sich eine schwere Hand auf meine Schulter und eine Stimme knurrte: »David!« Ich machte vor Schreck einen Satz. Ah! Aber es war nur Schmuel, der zurückgekehrt war. Er flüsterte: »David! Was ist das?«

Ich zuckte mit den Schultern. »Gott ... glaube ich zumindest. Oder so was. Aber für mich ist es auch das erste Mal, dass er mir begegnet.« Weiter kam ich nicht, denn der Engel – oder was immer das war – fing wieder an zu verkünden: »Daran werdet ihr den Messias erkennen: Ihr werdet ein neugeborenes Kind finden, frisch gewickelt und in einer Krippe.«

»Wie bitte?«, fragte Schmuel, »ein Neugeborenes. Ich hätte gedacht, der Messias ist so ein Gladiator-Typ und haut die Römer zu Brei.«

Ich packte meinen Freund am Arm. »Das kann er doch später immer noch. Oder er macht das ganz anders. Was weiß ich. Jetzt komm! Lass uns gehen. Wir suchen ihn.«

Schmuel starrte mich entgeistert an: »Bist du völlig durchgeknallt? Und die Schafe? Die können wir doch nicht alleinlassen. Mitten in der Nacht.«

»Natürlich. Wir bleiben ja nicht lange weg.«

Er schüttelte den Kopf: »Niemand geht freiwillig durch die Finsternis. Das ist viel zu gefährlich. Und wer weiß, wie lange dieses geheimnisvolle Leuchten noch anhält. Gleich ist es vermutlich wieder zappenduster.«

Da musste ich lachen. »Schmuel! Du alter Schisser! Soll ich dir sagen, was für mich das Beste an dieser Himmelserscheinung, das Beste in dieser Nacht ist? Meine Furcht ist weg. Ja, ich habe keine Furcht mehr. Und das tut unfassbar gut. Mach du, was du willst, aber ich suche jetzt dieses Kind.«

Als ich losging, da war mir, als wäre der ganze Himmel voller Engel. Und die haben laut gesungen: »Ehre sei Gott in der Höhe und Friede auf Erden für alle Menschen, die Gott wohlgefallen.«

Aber vielleicht habe ich mir das auch nur eingebildet ... weil ich so glücklich war.

ZUM WEITER-DENKEN

Die Hirten erfahren es als Erste: »Jesus ist geboren!« Und die Engelsbotschaft beginnt mit dem Satz »Fürchtet euch nicht!« Vielleicht eine der Kernbotschaften des Evangeliums!

- Wovor haben die Hirten wohl Angst? Und wovor habe ich Angst, wenn es um das Leben, um Gott oder den Glauben geht?
- Der Satz »Fürchtet euch nicht« steht sehr oft in der Bibel. Wie kann der Glaube (mir) helfen, Ängste zu überwinden?
- Was wäre in meinem Leben anders, wenn ich bestimmte Ängste nicht mehr hätte?
- Wie können wir andere aktiv darin unterstützen, ihre Ängste zu überwinden?

Bibelstelle: Lukasevangelium 2,8-14

5. Melchior

DIE WEISEN AUS DEM MORGENLAND

Ich kniete vor dem König, ja, ich kniete vor Herodes persönlich... und sah den Schrecken in seinen Augen. Unbändigen Schrecken. Nicht in seiner Mimik – die hatte er im Griff –, aber in seinem Blick, der mit einem Mal stumpf wurde. Als hätten sich in seinen Pupillen Eiskristalle gebildet.

Nur weil ich ihn gefragt hatte: »Wo ist der neugeborene König? Wir haben seinen Stern aufgehen sehen und sind gekommen, um ihn willkommen zu heißen.«

»Was sucht ihr?«, unterbrach mich Herodes scharf. »Einen neuen König? Den gibt's hier nicht. Der König bin ich. Keiner sonst. Habt ihr verstanden?«

Wir nickten alle. Unterwürfig. Schon bevor der eifrige Dolmetscher die harschen Worte zu Ende übersetzt hatte.

Dann trat der Großwesir des Königs vor: »Was hat es mit diesem Stern auf sich? Los, erzählt!«

Ich atmete einmal tief durch: »Wie ich schon bei unserer Ankunft erwähnte, Herr, wir sind Sterndeuter... Gelehrte aus dem Osten. Ich bin Melchior, der Leiter unserer bescheidenen Delegation. Es war so: Vor einiger Zeit beobachtete mein Kollege Kaspar den nächtlichen Himmel und entdeckte dort ein ungewöhnliches Zeichen...«

Der Großwesir schüttelte genervt den Kopf: »Was für ein Zeichen? Beschreib es!«

Ich sprach vorsichtig weiter: »Wir wissen es nicht genau. Ein unbekannter heller Schein am Firmament. Eine Art Stern, der dort normalerweise nicht strahlt. Vielleicht eine ungewöhnliche Sternenkonstellation – oder ein Komet. Wie gesagt: Wir wissen es selbst nicht genau. Wir haben lange über diese Erscheinung diskutiert und waren uns bald einig: Dieses helle Licht ist eine Botschaft. Und weil das Licht im Westen stand, also auf Israel hinweist, sind wir überzeugt, dass es die Geburt eines neuen ›Königs der Juden‹ ankündigt.«

Wieder zuckte Herodes zusammen. Doch sein Großwesir fuhr unbeirrt mit dem Verhör fort: »Dann sagt mir: Warum interessiert ihr euch als Nichtjuden für die Geburt eines neuen Königs in Israel?«

Ich hörte, wie Balthasar neben mir murmelte: »Das würde ich auch gern wissen.«

Und mir fiel wieder ein, wie lange wir über diese Frage in der Heimat gestritten hatten. Mehrfach. Beim abendlichen Wein. »Was geht uns ein König in Israel an?« Schließlich war die Reise durch die Wüste gefährlich. Wofür?

Kaspar war es gewesen, der am Ende alle Zweifler überzeugt hatte. Er hatte sich vor uns aufgebaut und im Brustton der Überzeugung verkündet: »Wenn dieses Zeichen für uns keine Bedeutung hätte, dann hätte der Himmel nicht dafür gesorgt, dass wir es bemerken. Aber wir haben es bemerkt. Versteht ihr denn nicht: Was bringt ein Zeichen, wenn wir ihm nicht folgen? Was nutzt ein Wegweiser, wenn man ihn nicht beachtet? Wir sind Gelehrte. Wir gehen den Dingen auf den Grund. Und deswegen folgen wir diesem Stern. Ich zumindest werde losziehen. Ob mit oder ohne euch!«

So waren wir hier gelandet. Im Palast des Herodes. Heute weiß ich natürlich, wie unüberlegt das war. Ja … wir waren durch unsere Erfahrung überzeugt: Ein König wird in einem Palast geboren. Deshalb sind wir schnurstracks in die Hauptstadt Jerusalem gezogen. Aber so war es eben nicht. Mit diesem König hatte Gott andere Pläne. Er würde wohl in Bethlehem geboren werden, wie einer der Gelehrten des Herodes aufgrund einer Prophezeiung vermutete.

Herodes störte meine Gedanken. Mit aufgesetzter Höflichkeit ordnete er an: »Geht und forscht sorgfältig nach, wo dieses Kind ist; und wenn ihr es gefunden habt, dann berichtet mir davon, damit auch ich hingehen und ihm huldigen kann.«

Dann wurden wir entlassen. Wobei ich in den darauffolgenden Stunden das Gefühl nicht loswurde, dass uns jemand folgte. Aber wenn ich mich umdrehte, war nie ein Mensch zu sehen. Der Stern am Himmel war jetzt so klar, dass wir sofort erkannten, in welche Richtung wir weiterziehen mussten.

Bald darauf kamen wir in dem kleinen Ort namens Bethlehem an, was »Haus des Brotes« heißt. Dort fanden wir in einem Stall tatsächlich den, der sich später das »Brot des Lebens« nennen würde. Anscheinend hatte es im ganzen Ort keine anständige Unterkunft für die werdende Mutter gegeben, und so hatte sie ihren Sohn wahrhaftig hier zur Welt gebracht. Im Dreck. Eine scheußliche Vorstellung. Und doch: Das Göttliche scheut den Unrat offensichtlich nicht.

Als ich vor dem Kind an der Krippe kniete, in die seine Eltern es gelegt hatten, da schämte ich mich noch einmal dafür, dass ich den neuen König im Palast gesucht hatte. *Melchior*, durchfuhr es mich, *wie oft hast du auf deinem Weg eine Lösung nur deshalb nicht gefunden, weil du am falschen Ort gesucht hast? Wie oft blieb dir das Geheimnis des Lebens verborgen, weil deine Erwartungen ihm im Weg standen?* Und ich schwor mir: *Ich will alles tun, damit mir das nie wieder passiert. Ich will offen sein für die Wahrheit.*

Später wurde über uns gesagt: »Sie freuten sich mit großer Freude.« Und so war es wirklich. Wir freuten uns wie Könige. Und wir gaben den Eltern unsere Geschenke, in dreierlei Gestalt: Gold für den zukünftigen Herrscher, Myrrhe für den Heiler, der die Wunden seines Volkes verbinden würde, und Weihrauch für den Priester, der in diesem Kind steckte und die Menschen mit Gott versöhnen würde.

Mehr konnten wir nicht tun. Auch, weil wir keinen Dolmetscher dabeihatten und weder die Eltern noch die Hirten verstanden, die wie wir das Kind anbeten wollten und dabei unentwegt auf uns einredeten.

Melchior, mein Name, bedeutet »König des Lichts«. Aber das »Licht des Lebens«, das habe ich erst in diesem Stall gesehen. Und dem Himmel gedankt, dass ich losgezogen bin und diese Begegnung nicht verpasst habe.

ZUM WEITER-DENKEN

Die Weisen aus dem Morgenland fungierten schon damals als Gutachter: Die Geburt des Gottessohns galt durch sie quasi als wissenschaftlich belegt. Und ihre Geschichte ist höchst inspirierend.

- Kenne ich diese Erfahrung der Weisen: Ich finde eine Lösung nicht, weil ich aufgrund meiner Prägung am falschen »Ort« suche?

- Etwas erkennen und losgehen sind zwei verschiedene Dinge. Wann in meinem Leben hätte ich losgehen sollen, weil ich etwas Wichtiges »erkannt« habe?

- Über welches Erlebnis oder welche Erkenntnis habe ich mich das letzte Mal so richtig »gefreut«?

- Was macht mein Leben hell? Und wo mache ich das Leben anderer Menschen hell?

Bibelstelle: Matthäusevangelium 2,1-12

6. Simeon

DIE PRÄSENTATION VON JESUS IM TEMPEL

Mein Vater war so außer Atem, war so schnell gerannt, dass er anfangs gar nicht richtig sprechen konnte. Er keuchte nur, stützte sich mit den Armen schwer auf seine Knie und stammelte: »Ich … habe … ihn … gesehen.«

Ich trat zu ihm: »Wen hast du gesehen?«

Simeon streckte mir die rechte Handfläche entgegen, als wolle er um eine Pause bitten, und stieß kräftig die Luft aus seinen Lungen aus. Dann hob er den Kopf und sah mich an. Da wusste ich, was ihm widerfahren war.

Schließlich hatte er mir und meinen Geschwistern fast täglich erzählt, was ihm der Geist Gottes angeblich prophezeit hatte: dass er nicht sterben werde, bevor er dem Messias begegnet ist.

»Du hast ihn gesehen? Ernsthaft? Den Heiland?«, fragte ich kritisch, um ganz sicherzugehen.

Er nickte. Er wirkte so beseelt, so wohlig, wie ich ihn noch nie gesehen hatte. Ich lief ins Haus, um ihm einen Becher Wasser zu holen, den er mir gierig aus den Händen riss. Dann ließ er sich auf die Bank neben unserem Eingang fallen, trank einen Schluck und winkte mich zu sich.

»Vater, erzähl: Wie ist er? Woran hast du ihn erkannt? Was sagt er?«

Simeon schüttelte nur, milde lächelnd, den Kopf. Langsam schien er wieder zu Atem zu kommen.

»Er hat nichts gesagt. Er ist noch ein Säugling. Aber stell dir vor: Heute morgen, beim Aufwachen, da hatte ich schon dieses seltsame Gefühl: ›Simeon, schau im Lauf des Tages mal im Tempel vorbei.‹ Und da war er, mit seinen Eltern. Die Mutter wollte sich wohl nach der Geburt rituell reinigen, und der Vater für seinen Erstgeborenen zwei Tauben opfern, wie es Sitte ist.«

Plötzlich wusste ich, woran mich Vaters Gesichtsausdruck erinnerte: an jemanden, der frisch verliebt ist. Nur war mein Vater ein Greis, einer, von dem niemand wusste, wie lange er überhaupt noch leben würde.

Ich zögerte: »Vater, du wartest jetzt schon so lange auf diese Begegnung. Woher weißt du, dass dieser Säugling ... dass er wirklich der Messias ist? Wir alle hoffen seit Jahrhunderten, dass der von Gott angekündigte Heiland endlich kommt. Und viele haben von sich behauptet, sie wären es ...«

Simeon unterbrach mich: »Dieses Kind ist der Heiland!« Er trank den Becher in einem Zug leer und hielt ihn mir hin. »Außerdem hatte ich ihn auf dem Arm.« Er hielt seine Unterarme vor sich und starrte sie verzückt an, als wären sie frisch vergoldet oder mit einer heiligen Aura versehen worden. »Hier, mit diesen Armen habe ich ihn gehalten.«

»Ist ja gut, Vater. Aber woran hast du ihn erkannt, den Retter der Welt?«

Dann formulierte mein Vater einen Satz, den ich nie vergessen werde. Er schaute mich an und sagte: »Ich habe den

Retter der Welt daran erkannt, dass er mich gerettet hat.« Leise fuhr er fort: »Natürlich hatte ich – wie du – einen Erwachsenen erwartet. Einen Anführer. Einen, der die politischen Verhältnisse umkrempelt. Der die Römer vertreibt und unser Volk wieder groß macht. Aber als ich das Kind im Arm hielt, war mir das alles völlig gleichgültig.«

Er beugte sich nach vorn, als könne er seinen Worten dadurch mehr Nachdruck verleihen: »Frieden in der Welt ist das eine, aber Frieden in mir das andere. Ich dachte immer, wenn es Frieden in der Welt gibt, dann finde ich auch Frieden in mir. Jetzt habe ich verstanden: Es ist genau andersherum. Nur, wenn ich Frieden in mir finde, gibt es Frieden in der Welt.«

Mein Vater hob den Kopf. »Und das ist passiert. Ich sah dem Kind in die Augen – und in mir war Frieden. Schalom, du weißt schon! Ein unendliches Gefühl der Erfüllung und der Seelenruhe. So, als würde nichts mehr fehlen. Als wäre alles da, was ich brauche.«

Simeon sprang auf – trotz seines hohen Alters erstaunlich rasch. »Darum habe ich auch im Tempel einen Jubelruf angestimmt. Pass auf: »›Herr, nun lässt du deinen Diener in Frieden gehen, wie du es versprochen hast; denn meine Augen haben deinen Retter gesehen, das Heil, das du vorbereitet hast, ein Licht, das selbst die Heiden erleuchtet.‹«

Ich zupfte verlegen mein Gewand zurecht: »Was willst du damit sagen, du kannst ›in Frieden gehen‹?«

Da sagte er – und das nicht betrübt, sondern voller Leidenschaft: »Jetzt kann ich in Frieden sterben. Mehr konnte ich mir in meinem Leben nicht erhoffen. Es hat sich alles erfüllt.«

»Vater«, ich packte ihn bei den Armen, »sag so was nicht. Was ist, wenn du dich geirrt hast?«

Er schloss kurz die Augen, als sähe er die Szene noch einmal vor sich: »Ich habe mich nicht geirrt. Aber wenn es dich beruhigt: Nach mir kam die Prophetin Hanna, die kennst du doch, die mit der Hasenscharte. Sie hat ihn auch erkannt. Wie ich. Ich bin also nicht der Einzige, der gerettet wurde.«

Und dann … dann starb er. Mein Vater. Vor meinen Augen. In meinen Armen. Aber war das ein Sterben? Nein! Ich würde eher sagen: Er glitt sanft davon – getragen und gehalten. Er verließ diese Welt beseelt. Vollendet. Da war kein Schmerz in seiner Mimik, keine Todesangst – nur Freude.

Und ich? Ich frage mich seither: Was müsste mir widerfahren, was müsste ich erleben, um wie Simeon sagen zu können: »Jetzt kann ich in Frieden gehen?«

ZUM WEITER-DENKEN

Simeon erlebt die Erfüllung einer Verheißung – und das ist genau das, was er sich gewünscht hat. Vielleicht hat das mit der Zusage Jesu zu tun, dass wir alle »Leben in Fülle« bekommen sollen.

- Was ist wohl wichtiger für die Gesellschaft: Frieden in der Welt oder Frieden in mir?
- Woran erkennt ein Mensch, damals wie heute, dass er Jesus Christus begegnet ist?

- Gibt es eigentlich etwas, auf das ich (wie Simeon) in meinem Leben noch warte?
- Was müsste passieren, damit ich fröhlich sagen könnte: »Jetzt kann ich in Frieden gehen?«

Bibelstelle: Lukasevangelium 2,25-36

7. Johannes der Täufer

DIE TAUFE VON JESUS

Unzählige Male haben mich Menschen gebeten aufzuschreiben, wie es war, als Jesus zu mir kam. An den Jordan, diesen kleinen Fluss mit der großen Geschichte. Jetzt sitze ich seit Wochen hier im Gefängnis, in einer Zelle in der Festung Machärus, und habe endlich Zeit.

Obwohl, womöglich auch nicht. Herodes Antipas, dieser Möchtegern-Herrscher, wird mir kaum verzeihen, dass ich ihn so heftig kritisiert habe. Dafür, dass er seine Frau verstoßen und die Gattin seines Bruders geheiratet hat. Ich fürchte das Schlimmste.

Andererseits – was ich der Welt zu sagen hatte, habe ich gesagt: »Tut Buße, denn das Reich Gottes ist nicht mehr fern.« Was mich am meisten verblüfft hat: So viele Menschen wollten tatsächlich Buße tun. Ja, sie kamen in Scharen zu mir in die Wüste. Von überall her. Junge und Alte, Arme und Reiche, Juden und Nichtjuden. Sie kamen zu mir, weil ich versprochen habe, mit ihnen ein heiliges Ritual zu feiern: die Taufe. Und dieses Angebot sprach sich so schnell herum, dass ich bald nur noch »Johannes der Täufer« genannt wurde.

Ich habe mich oft gefragt, warum alle unbedingt so ein Reinigungsritual in Anspruch nehmen wollten. Vielleicht, weil es kaum eine Frau oder einen Mann gibt, die nicht das Gefühl kennen: »Irgendwas in meinem Leben stimmt nicht.« Beziehungsweise: »Ich würde gerne all das, was in meinem Leben nicht stimmt, hinter mir lassen: den Schmerz, die Schuld, die Angst, die Traurigkeit, den Zweifel. Ich möchte all das einfach abschütteln. Besser noch: abwaschen. Ein für alle Mal.« Dazu habe ich die Menschen eingeladen: »Wascht alles ab, was euch beschwert.«

Hunderte, nein, Tausende sind den beschwerlichen Pfad gen Osten gezogen, um zum Jordan zu kommen. Dem Fluss in der Wüste, dem Ort der Umkehr, der Reinigung und des Neuanfangs.

Ich wollte nicht im Tempel taufen, in dem unsere Elite den Glauben fast nur noch als Brauchtum zelebriert. Als religiöses Geschäft: *Bring Opfer und du bekommst Gottes Wohlwollen.* Was für ein Unsinn! Darum hieß einer meiner Leitsätze auch: »Niemand wird gerettet, nur weil er Jude ist.« Es geht doch nicht darum, dass man zu einem bestimmten Volk gehört, sondern darum, dass man sein Herz für den Himmel öffnet. Himmelweit!

Ich wollte den Traditionalisten zeigen, dass meine Botschaft anders ist als das Widerkäuen alter Schriften. Ich bin kein Priester – ich bin ein Prophet. Darum habe ich ein Gewand aus Kamelhaar getragen und einen schmalen ledernen Gürtel – was, wie ihr vermutlich wisst, den jüdischen Reinheitsgeboten widerspricht. Von Heuschrecken und wildem Honig habe ich mich ernährt.

Und ich wurde nicht müde zu sagen: »Die Taufe, diese Reinigung, Achtung, die dient nur der Vorbereitung. Auf den Messias.

Wir machen uns bereit. Weil nur derjenige den Retter angemessen empfangen kann, der sich darauf eingestellt hat, der sein Herz für den Himmel geöffnet hat. Ja, ich bin ein Wegbereiter – und wir alle sollten Wegbereiter sein.«

Aber ich schweife ab. Ich wollte doch aufschreiben, wie es war, als er zu mir kam. In die Wüste. An den Ort des Neuanfangs. Jesus – mit dem ich sogar um ein paar Ecken verwandt bin. Ich stand gerade bis zu den Hüften im Wasser und taufte mehrere Schafhirten ... als er plötzlich neben mir auftauchte. Inzwischen 30 Jahre alt.

Ich kannte ihn zwar von einigen Familienfeiern, aber diesmal war etwas an ihm anders. Meine Mutter Elisabeth hatte mir schon früh von der Verheißung erzählt, die auf Jesus liegt ... da durchzuckte es mich: *Er ist es!* Ich rief, laut und aufgeregt: »Seht! Das ist Gottes Lamm, das die Sünde der ganzen Welt trägt. Das ist der, auf dessen Ankunft ich euch vorbereitet habe.«

Nachdem wir uns herzlich umarmt hatten, erklärte ich Jesus: »Eigentlich müsse ich von dir getauft werden – und du kommst zu mir?« Denn ich hatte in all den Jahren verkündet: »Ich taufe euch nur mit Wasser, aber der, der nach mir kommt, wird euch mit Heiligem Geist und mit Feuer taufen.«

Doch er antwortete sanft: »Mach einfach!« Natürlich! Auch er konnte nur geben, was er vorher empfangen hatte. Wie wir alle. Jeder muss sich füllen lassen, wenn er ausschütten möchte. *Ich will dich segnen und du sollst ein Segen sein.* Ich habe schon immer gedacht: Eigentlich meint diese Verheißung an Abraham »Ich will dich segnen, *denn erst dann kannst du ein Segen sein.*«

Also habe ich Jesus getauft. Habe ihm wie all den anderen die Gnade Gottes zugesprochen. Und wie alle anderen hatte er dabei Tränen in den Augen. Nur eines war anders: Als Jesus wieder auftauchte, kam eine Taube vom Himmel herab ... oder sah es nur so aus? Später haben mir mehrere Personen bestätigt, dass sie wie ich dabei eine Stimme sagen hörten: »Das ist mein lieber Sohn.« Ich hatte mich nicht getäuscht. Diese Taube war der Geist Gottes.

Trotzdem beschleichen mich ab und an Zweifel. Sollte der Messias denn nicht als Richter kommen, als einer, der »die Axt an die Wurzeln der Bäume legt, die keine gute Frucht bringen«? Jesus ist so anders. Und was ich von ihm höre, ist vor allem eine Botschaft der Liebe. Bleibt jetzt das Gericht aus?

Gerade erst habe ich zwei meiner Jünger zu ihm geschickt. Die sollen ihn fragen, ob er wirklich der Messias ist. Oder ob wir auf einen anderen warten sollen. Jeden Tag harre ich auf ihre Rückkehr. Kann es sein, dass ich mich so getäuscht habe? Oder gehört das zum Leben dazu – dass die Zweifel immer wiederkehren? Und wir unsere Seele immer neu reinigen müssen?

ZUM WEITER-DENKEN

Johannes bereitet Jesus den Weg und macht dabei die Erfahrung, dass er selbst seine Vorstellungen vom Kommen des Messias korrigieren muss. Eine tiefgründige Geschichte.

- Welche meiner Erinnerungen und Prägungen würde ich gerne »abwaschen« und hinter mir lassen?

- Wenn morgen der Messias wiederkäme: Wie könnte ich mich darauf am besten vorbereiten?
- Nur wer auftankt, kann auch etwas geben. Wobei tanke ich im Alltag wirklich auf?
- Welches meiner Gottesbilder musste ich (wie Johannes) schon mal korrigieren?

Bibelstelle: Matthäusevangelium 3,13-17

8. Andreas

DIE ERSTEN JÜNGER

Ihr wollt wissen, wie alles anfing? Das kann ich euch sagen – denn ich war ja der erste seiner Jünger! Der erste Jünger von Jesus überhaupt. Darum nennen mich manche bis heute den »Erstberufenen«. Mit mir fing es an. O ja!

Ich war damals noch ein Anhänger von Johannes dem Täufer. Das war der Prophet, der in der Wüste Leute getauft und von der baldigen Ankunft des Messias gepredigt hat. Und seine Worte haben mich mitgerissen: »Eine neue Zeit beginnt.« Da wollte ich dabei sein. Und wie!

Ich werde nie den Blick meiner Mutter vergessen, als ich ihr gesagt habe, dass ich die Fischernetze hinter mir lassen und mit Johannes in die Wüste ziehen wollte. Sie glaubte vermutlich, ich wäre von allen guten Geistern verlassen.

»Andreas«, hat sie geschimpft, »mach das nicht! Du bist Fischer. Komm doch zur Vernunft, bitte!«

Na ja, ich fand, ich hatte noch nie eine vernünftigere Entscheidung gefällt. Bei Johannes ging es nicht nur um das tägliche Brot, das Schuften und den nächsten Becher Wein, da ging es um die ganz großen Dinge – o ja –, die Geschichte unseres Volkes, den Himmel und eine neue, eine bessere Gesellschaft. Ich wollte mein Leben nicht im Kleinklein vergeuden, ich wollte Teil von etwas Größerem sein.

Ich lebte schon fünf Monate mit dem Täufer in der Wüste, als Jesus bei uns auftauchte. Gerade räumte ich wie jeden Morgen unseren Lagerplatz auf, als der Ruf von Johannes zu uns rüberschallte, vom nahegelegenen Flussufer: »Siehe! Da, das Lamm Gottes!« Also: der Retter! Er hat es nicht nur einmal gerufen, sondern immer und immer wieder: »Siehe! Das Lamm Gottes!« Bis es wirklich alle gehört hatten und zusammenströmten.

Ich werde zwar der »Erstberufene« genannt, aber dort am Jordan waren wir zu zweit – Thaddäus und ich. Zwei Männer, die durch das Jubelgeschrei von Johannes so neugierig geworden waren, dass sie unbedingt sehen wollten, was das wohl für einer ist, der Messias, der versprochene Heiland der Welt, das von Gott geschickte menschliche Lamm. O Mann!

Wir haben Jesus beide angestarrt wie eine Kuriosität, wie ein Wesen aus einer anderen Welt. Von einem anderen Stern. Jedenfalls hat er uns gleich zu sich gewunken: »Was sucht ihr?«

Ja, was habe ich damals gesucht? Gute Frage! Das war nicht nur ein freundlicher Gesprächseinstieg – es war, wie so oft bei Jesus, eine vermeintlich harmlose Bemerkung, in der zugleich die ganze Weite des Lebens mitschwang: Was suchte ich? Was wollte ich im Leben finden?

Thaddäus, der mit mir sensationslüstern vom Lager herübergerannt war, flüchtete sich in eine Gegenfrage: »Rabbi, wo wohnst du?« Ganz geschickt. Gerade, weil darin ebenfalls ein viel tiefergehendes Anliegen verborgen lag: »Rabbi, wo bist du zu Hause? Wo gehörst du hin? Was ist deine Heimat? Vielleicht der Himmel?«

Das Verrückte ist: Johannes hätte auf so eine Frage hin direkt von seinem Auftrag erzählt, dem Messias den Weg zu bereiten, er hätte vom Weltgericht gesprochen, das kurz bevorstand, und von der Buße, die alle tun sollten, um für den Neuanfang gerüstet zu sein – und er hätte die Vision einer Welt heraufbeschworen, in der die Menschen von Herzen mit Gott verbunden sein würden.

Jesus tat ... nichts davon. Er fing nicht an zu predigen. Er erklärte nichts. Er schmunzelte und sagte: »Kommt und seht!« Nur diese drei Silben: »Kommt und seht!«

Ich verstand sofort, was er damit ausdrücken wollte: Das Geheimnis des Glaubens kann man nicht erklären, das muss man erleben. Weil es bei Gott nicht ums Verstehen, sondern ums Heil geht. Wenn wir ernsthaft wissen wollten, wofür dieser Jesus stand, dann mussten wir uns auf ihn einlassen. Und das haben wir dann auch. Beide. O ja!

Schon wenige Tage später kam unsere kleine Gemeinschaft nach Kapernaum. Meine Heimat. Und was habe ich gemacht? Ich bin als Erstes zum Haus meines Bruders gerannt, zu Simon, und habe gerufen: »Wir haben den Messias gefunden.« Fast zog ich ihn zu dem Platz, wo Jesus saß.

Und dort passierte das Unfassbare. Jesus sprach meinen Bruder nämlich direkt an: »Du bist Simon, der Sohn des Johannes, du sollst Petrus heißen.«

Petrus! Der Fels. Er gab ihm einen neuen Namen! Fast einen Ehrentitel. Das war eine Berufung. *Der Himmel beginnt hier und jetzt in dir – indem du einen anderen Namen bekommst.* Über Petrus muss ich euch nicht viel erzählen. Ihr kennt ihn ja.

Aber ein bisschen stolz bin ich schon. Ohne mich wäre Petrus womöglich gar nicht erst zum Jünger geworden. Ich habe ihn zu Jesus gebracht. Vielleicht wäre er ihm sonst nie begegnet. Mir macht das Mut! Wir sollten einander zu Jesus bringen. Deshalb erzähle ich den Menschen nach wie vor gern: »Wir haben den Messias gefunden.« Und wenn sie mich fragen: »Wie ist er denn?«, dann antworte ich: »Komm und sieh!«

ZUM WEITER-DENKEN

Andreas wird vom Johannes-Jünger zum Jesus-Jünger – allein aufgrund der drei Worte »Komm und sieh!«

- Welche Worte haben oder hätten die Kraft, mein Leben grundlegend zu verändern? Und wenn Jesus mich fragen würde: »Was suchst du?« – was würde ich ihm antworten?
- Würde ich wohl mitgehen, wenn Jesus zu mir sagen würde: »Komm und sieh«?
- Wann habe ich wie Andreas das Gefühl, dass ich an etwas Großem in der Welt mitarbeite?
- Stimme ich der Aussage zu: Das Wesentliche beim Glauben muss man selbst erleben?

Bibelstelle: Johannesevangelium 1,35-42

9. Nathanael

DER FISCHZUG DES PETRUS

Erst dachte ich, Simon wäre durchgeknallt. Wenn du als Fischer die ganze Nacht draußen auf dem See warst und nicht einen armseligen Barsch gefangen hast, dann bist du echt nicht besonders gut drauf. Nichts gefangen! Überhaupt nichts. Nichts, nichts, nichts. So ein Mist!

Schnell noch die Netze sauber gemacht, das Boot an Land festgezurrt … und dann ab in die Kiste. Nur noch weg. Und gerade, als ich glaubte, wir wären fertig, kommt da dieser Wanderprediger um die Ecke und geht schnurstracks auf uns zu. Echt! Ob wir ihn ein Stück hinausrudern könnten, er würde gern zu den Leuten am Ufer sprechen und die könnten ihn dann besser hören.

Sag Nein, Simon, flehte ich innerlich. *Sag einmal Nein. Ich weiß, das fällt dir schwer, aber nach dieser widerlichen Nacht, in der es auch noch ständig genieselt hat, will ich einfach nur ins Bett. Bitte! Bleib stark!*

Na ja, ich hätte mir ja denken können, was passiert. Simon hat natürlich eingewilligt. Seit Jesus ihm erklärt hat, er würde ihn jetzt Petrus nennen, ist er ohnehin komisch. Also musste ich auch dableiben. Klar: Die Mannschaft hält zusammen, bis alles gesichert ist.

Um ehrlich zu sein: Ich habe überhaupt nicht zugehört, was Jesus gesagt hat. Ich war echt stinksauer. Und müde. Und genervt.

Es ging um irgendwas mit Liebe und Vertrauen. Der übliche Kram eben. Und irgendwelche hintergründigen Geschichten, die uns was sagen sollten. Keine Ahnung. Ich habe nur gehofft, dass er möglichst schnell aufhört, damit ich Feierabend machen konnte.

Als Jesus dann endlich fertig war, bin ich seufzend aufgestanden, um unser Boot auf den Strand zu ziehen. Doch der Mann baute sich vor Simon auf – Entschuldigung, er heißt ja jetzt Petrus – und sagte: »Fahrt hinaus, wo es tief ist, und werft eure Netze zum Fang aus.« Echt?

Kann ja sein, Jesus, dass die Leute deine Predigten mögen, aber vom Fischen hast du keine Ahnung. Bist du nicht Zimmermann? Jeder Anfänger weiß: Fische fängt man nachts. Hörst du? Nachts! Und was haben wir jetzt: VORMITTAG! Da kannst du auch hier am Strand deinen Zeh ins Wasser strecken und hoffen, dass was anbeißt.

Petrus sagte müde: »Meister, wir haben die ganze Nacht gearbeitet und nichts gefangen.« *Ganz meine Meinung. Geh nach Hause, damit wir auch nach Hause können.*

Aber nein. Ich hatte meinen Gedanken noch nicht zu Ende gedacht, da meinte Petrus, also, Simon: »Aber auf dein Wort will ich die Netze auswerfen.«

Och nee! Muss das sein? Aber was hätte ich machen sollen? Ich war nun mal Teil der Mannschaft. Also die frisch gesäuberten Netze wieder ins Boot geräumt und echt noch mal raus. Am helllichten Tag.

Als Petrus dann auch noch grinsend zu mir rüberschaute und sagte: »Mach nicht so ein Gesicht, Nathanael, du guckst ja wie eine schwangere Eselin mit Durchfall«, da hätte ich ihn echt am liebsten mit einem Tritt über Bord befördert. Aber hab ich natürlich nicht.

Kennt ihr dieses Gefühl: *Was ich hier mache, ist völlig sinnlos!* So fühlte sich das an. Aber ich hab's halt gemacht, widerwillig. Noch mal die Netze bereitgelegt, ausgeworfen, gewartet ... und sie wieder eingezogen. Dachte ich. Doch das mit dem Einziehen ging irgendwie nicht. Ich hab' noch gerufen: »Ich fürchte, das Teil hat sich verhakt! Komisch, dabei ist das Wasser hier total tief.« Das Netz war aber nicht verhakt, es war einfach ... voll. Und zwar bis oben hin. Voll mit Fischen. Echt!

Als die Jungs um mich herum zu jubeln anfingen, da musste ich auch mit einstimmen. Das war ein Fang, wie ich ihn noch nie erlebt hatte. Die Netze waren so prall voll, dass sie echt zu reißen drohten. Zum Glück waren wir mit zwei Booten rausgefahren und die anderen konnten uns helfen. Unfassbar: Am Ende waren beide Boote bis zum Rand gefüllt. Wir Männer balancierten auf den seitlichen Rändern, weil es gar keinen Platz mehr gab, wo wir unsere Füße hätten hinsetzen können.

Ich war so im Freudentaumel, dass ich völlig vergessen hatte, wie es zu diesem Wunder gekommen war. Simon Petrus nicht. Der warf sich Jesus am Strand zu Füßen und rief: »Herr, geh weg von mir. Ich bin ein sündiger Mensch.« Da wurde auch mir mulmig. Das ging doch alles nicht mit rechten Dingen zu. Kein normaler Mensch macht tagsüber so einen Fang. Was war das? Zauberei? Magie? Oder echt die Kraft Gottes?

Ich wollte mich gerade neben Simon zu Boden werfen, als Jesus ihm antwortete: »Fürchte dich nicht! Von nun an wirst du Menschen fischen.«

Da begriff ich: Dieser Fischfang, das war wie eines von diesen komischen Gleichnissen, die er so gern erzählte: Du denkst, du weißt, wie alles funktioniert, aber wenn du mit Gottes Unterstützung den gewohnten Trott verlässt und was Unvertrautes wagst, dann kann daraus ein gigantischer Segen entstehen – und du machst womöglich den Fang deines Lebens.

Menschenfischer! Klingt gut. Warum eigentlich nicht? Ich ... ein Menschenfischer.

ZUM WEITER-DENKEN

Der Fischer Nathanael macht mit seiner Crew den Fang seines Lebens – und merkt erst am Ende, dass es bei dieser Erfahrung nicht um seinen Geldbeutel, sondern um sein Leben geht.

- Jesus ermutigt die Fischer, die Dinge anders zu machen als bisher. Wo und wann durchbreche ich meine Muster?
- Warum ruft Petrus wohl: »Herr, geh weg von mir, ich bin ein sündiger Mensch«?
- Was meint Jesus eigentlich genau, wenn er Petrus beruft, fortan ein »Menschenfischer« zu sein?
- Wenn ich ein gläubiger Bäcker bin, kann ich dann auch zum Menschenbäcker werden?

Bibelstelle: Lukasevangelium 5,1-11

10. Tobias

DIE HOCHZEIT VON KANA

Ich geb's zu: Ich hatte an diesem Abend ordentlich gebechert. Wann hat man schon mal die Gelegenheit, so ausgelassen zu feiern? Esther, die Braut, war eine Cousine von mir. Aber das nur nebenbei.

Die Sonne war schon längere Zeit untergegangen, als an unserem Tisch plötzlich getuschelt wurde. »Der Wein ist alle.«

Alle? Das wäre ja verdammt peinlich für den frischgebackenen Herrn Bräutigam. Wie ist denn so was möglich? Die Menge falsch berechnet? Sich vom Lieferanten betrügen lassen? Oder ist der Kerl einfach ein Geizkragen? Wie dem auch sei: So was darf nicht passieren. Außerdem wirft es natürlich einen Schatten auf die zukünftige Ehe.

Eine ältere Frau fiel mir auf, die mit gedämpfter Stimme auf ihren Sohn einredete: »Es gibt keinen Wein mehr!«

Das schien den Mann jedoch nicht zu beeindrucken: »Was geht's dich an, Frau, was ich mache. Meine Zeit ist noch nicht gekommen.«

Puh, nicht gerade die feine Art. »Was geht's dich an.« Und dazu dieser markige Spruch: »Meine Zeit ist noch nicht gekommen.« Als wäre er der wiedergekommene Prophet Elia persönlich.

Erstaunlicherweise schien die Mutter ihm das aber nicht krumm zu nehmen. Sie schob ihn kurzerhand zur Seite, winkte einige Diener zu sich und erklärte ihnen bestimmt: »Macht einfach, was er euch sagt.«

Und dann? Nun: Der Typ atmete einmal tief aus, stand dann auf und ging mit den Dienern an die Ostseite des Hofs, wo vor der Mauer sechs Wasserkrüge standen. Er deutete auf die großen Steindinger und sagte: »Füllt die Krüge mit Wasser.«

Hä? Was soll das denn jetzt? Ich war ziemlich irritiert – und vermute, dass es den Dienern ähnlich ging. Egal. Irgendwann waren die Krüge alle randvoll. *Und jetzt?*

Der Mann schloss kurz die Augen, schaute in den nächtlichen Sternenhimmel und sagte dann ganz ruhig: »Schöpft nun und lasst den Speisemeister probieren!« Vielleicht, um den Speisemeister zu demütigen: *Hier, du kannst Wasser trinken … wie die Ziegen. Weil du in deinem Job versagt hast, sitzt die Hochzeitsgesellschaft auf dem Trockenen und hat keinen Wein mehr.*

Doch es kam ganz anders. Völlig anders, Es dauerte nur einen kurzen Moment, da kam der Speisemeister angerannt, den Bräutigam im Schlepptau, der völlig irritiert aussah. Dann sagte der Mann: »Ach, du hast den Weinvorrat in den Wasserkrügen verborgen. Sehr gewitzt. Aber eines verstehe ich nicht: Jeder kluge Gastgeber gibt seinen Gästen zuerst den guten Wein – und wenn sie ohnehin angesäuselt sind, den schlechteren. Aber du hast den besten Wein bis jetzt zurückgehalten.«

Ich schleppte mich rüber zu den Wasserkrügen und schnappte mir ebenfalls eine Kelle. Mein Gott, war das ein guter Tropfen. Womöglich der Beste, den ich je gekostet hatte.

Ich habe erst später erfahren, dass der Mann, der das Wunder vollbracht hat, jener Jesus von Nazareth war, von dem wenige Wochen darauf alle in unserer Gegend sprachen. Weil er angeblich Menschen heilen konnte.

Aber warum dann diese Wein-Geschichte? Ich meine, das war ein Luxuswunder. Gut, er hat dem Bräutigam die Schmach erspart, mit einem Fiasko in seine Ehe zu starten... aber das konnte doch nicht alles gewesen sein. Oder doch?

Nein. Zumindest glaube ich das heute nicht mehr. Ich glaube, dass er auf diese Weise seine Herrlichkeit offenbart hat. Seine Botschaft der Lebensfreude. Das Himmlische. Ich weiß nicht, wie ich das sagen soll: Für mich hatte Glaube vorher immer was mit Selbstkasteiung zu tun. Mit Ordnungen und Verboten und Regeln. Ja, mein Freund Schlomo hat immer gesagt: »Man hat ganz oft das Gefühl: Wenn der liebe Gott kommt, dann hört der Spaß auf.«

An diesem Abend in Kana habe ich das Gegenteil erlebt: »Wenn der liebe Gott wirkt, dann fängt der Spaß erst richtig an. Die Lebensfreude. Die Fröhlichkeit.« Gott ist keiner, der mich davon abhält, das Leben zu genießen. O nein, er will mich dazu *befähigen*. Er will mir helfen, nicht in Selbstzweifeln und Sorgen zu versinken, sondern das Leben zu feiern. Weil darin etwas von der Schönheit des Himmels spürbar wird.

Darum habe ich mich auch nicht gewundert, dass die Kritiker Jesus später als »Fresser und Weinsäufer« beschimpft haben, um ihn zu diffamieren. *Ihr Hornochsen*, habe ich dann jedes Mal gedacht, *wer das Leben feiert, der macht doch nichts falsch.*

Wenn ich heute einen Becher Wein in die Hand nehme, um ihn mir schmecken zu lassen, dann muss ich immer an diesen Abend in Kana denken. Und dann ist der Wein wie ein Schluck Himmel auf Erden.

ZUM WEITER-DENKEN

Tobias wird Zeuge eines außergewöhnlichen Wunders: keine Heilung, sondern die Steigerung des Genusses. Könnte darin etwas von der Lebensfreude erkennbar werden, für die Jesus steht?

- Warum ist wohl das erste Wunder Jesu eines, das der reinen Lebensfreude dient?
- Kirchen und Gemeinden gelten oft als »Spaßbremsen«. Woher kommt dieser Eindruck?
- Im Philipperbrief heißt es: »Freut euch in Gott!« Wie kann diese Freude sichtbarer werden?
- Erlebe ich das, woran ich glaube, selbst als eine nachhaltige Quelle der Fröhlichkeit?

Bibelstelle: Johannesevangelium 2,1-11

11. Matthäus

DIE BEKEHRUNG DES ZÖLLNERS

Glaubt mir: Mein Leben war kein Spaß. Stellt euch vor, ihr geht über den Marktplatz – und ganz gleich, wer euch sieht … er … oder sie … verflucht euch: »Verdammter Zöllner! Halsabschneider! Gauner! Verräter!«

Für die meisten Menschen in Israel stehen Männer, wie ich damals einer war, auf einer Stufe mit Mördern, Räubern und Prostituierten. Wir werden behandelt wie Aussätzige. Grauenhaft. Die Leprakranken haben aussätzige Haut, wir haben offensichtlich eine aussätzige Seele. Weil wir angeblich unser Volk verraten. Klar: Wer als Zöllner für die Besatzer aus Rom Steuern eintreibt, der ist ein Kollaborateur. Ein Abtrünniger. Ein Überläufer.

Dabei habe ich immer gesagt: »Hey, ich bin Jude wie ihr. Ich bin auf eurer Seite. Wenn die Römer ihre Steuern selbst eintreiben würden, wären sie viel brutaler und mitleidsloser als ich.« Aber keiner hat mir geglaubt. Was ich ihnen nicht verübeln kann. Und vielleicht habe ich mir das auch nur eingeredet, um den ständigen Hass und die Hetze zu ertragen.

Na ja, und irgendwann habe ich mir gedacht: »Dann verflucht mich doch. Dafür seid ihr alle Hungerleider, während ich mir die feinsten Dinge leiste. Schaut her: Matthäus, der Sohn des Alphäus, hat's zu was gebracht. Ich trage Purpur und esse

Delikatessen, von denen ihr nur träumen könnt. Schaut, meine Zollstation an der größten Handelsstraße von Asien ans Mittelmeer ist eine Goldgrube. Ich muss nur dahocken und die Hand aufhalten. Und führe ein Leben in Saus und Braus.«

Habe ich mir das damals selbst geglaubt? Oberflächlich wohl schon. Sonst hätte ich meinen Job ja hingeschmissen. Und man kann sich so einiges schönreden. Aber irgendwo tief in mir muss irgendwas gewesen sein, das mir ständig eingeflüstert hat: »Da stimmt was nicht.«

Anders kann ich mir nicht erklären, warum ich aufgesprungen bin, als Jesus vor mir stand. Er hat fast nichts gesagt. Nur: »Folge mir nach!« Ich habe alles hinter mir gelassen. Wegen drei Wörter: »Folge mir nach!«

Natürlich hatte ich schon von ihm gehört. Ein Wanderprediger, der Geschichten erzählt … und der eventuell der angekündigte Retter unseres Volkes sein könnte. Aber deswegen lässt man doch nicht alles stehen und liegen. So ein ganzes Leben!

Und doch: Ich habe es getan. Vermutlich, weil ich geahnt habe, dass das, was ich bin, nicht mal ein Hauch von dem ist, was ich sein könnte. Es könnte sein, dass diese drei Wörtchen »Folge mir nach!« wie ein Ozean voller Möglichkeiten über mich hereinbrachen, wie eine Einladung, nicht meinen eigenen Idealen nachzugehen, sondern einem zu folgen, der mir helfen konnte, über mich hinauszuwachsen und ein anderer zu werden.

Allerdings, schon damals galt in Israel: Wer das Haus eines Unreinen betritt, der wird selbst unrein. Das heißt auch: Wer das Haus eines verfluchten Zöllners betritt, der ist selbst verflucht.

Das schien Jesus aber gar nicht zu interessieren. Er wusste natürlich, dass er damit alle vermeintlich Rechtschaffenen vor den Kopf stoßen würde – und trotzdem hat er mit mir zu Abend gegessen. Mit mir und vielen anderen Zöllnern und Sündern.

Als einer der anderen Jünger mal kurz austreten musste, wurde er vor dem Haus direkt von einem Geistlichen abgefangen: »He, du da! Sag mir: Warum verkehrt euer Lehrer mit all diesen Zöllnern und Sündern?«

Heute scheint mir die Frage absurd. Jesus hat meine Seele gesehen, nicht nur den Sünder. Überhaupt, er hat immer die Menschen angesehen, nicht nur ihre Taten. Weil er wusste: Wenn sich Menschen ändern, dann ändern sie auch ihr Verhalten. Also versuch nicht, sie mit Gesetzen zu bändigen, sondern zeig ihnen, was es bedeutet, aus der Liebe zu leben. Er hat mich nicht als Täter der Sünde betrachtet, sondern als Opfer der Sünde. Als einen Menschen, der Hilfe braucht.

Als der Geistliche seine Frage noch einmal wiederholte, ungeduldig und genervt: »Warum verkehrt euer Lehrer mit den Zöllnern und Sündern?«, da stand Jesus auf einmal neben ihm und sagte sanft, aber bestimmt: »Nicht die Gesunden brauchen einen Arzt, sondern die Kranken.«

Der Fragende verzog sein Gesicht. »Was soll das denn heißen?«

Jesus lachte: »Das war ein Kompliment. Denn wenn du denkst, dass du völlig gesund bist, dann brauchst du offensichtlich die Hilfe des Himmels nicht. Freu dich! Aber schau nicht auf die herab, die diese Hilfe nötig haben. Denn für sie bin ich da.«

Eine seltsame Situation. Und ich weiß bis heute nicht, ob der Pharisäer verstanden hat, was Jesus ihm sagen wollte. Aber vielleicht ist auch meine Erinnerung getrübt.

Ich meine, ich hatte mich gerade entschlossen, einen völligen Neuanfang zu machen. Alle lieb gewordenen Gewohnheiten hinter mir zu lassen und etwas ganz Neues zu wagen. Und dabei hatte ich ein ziemlich flaues Gefühl im Magen. Was, wenn es schiefgehen würde? War es nicht leichtsinnig, alles auf eine Karte zu setzen? Doch irgendwann setzte sich ein Gedanke durch: »Wer nicht wagt, der gewinnt nicht.«

Und glaubt mir: Ich habe gewonnen.

ZUM WEITER-DENKEN

Matthäus lässt für Jesus alles stehen und liegen. Vermutlich, weil er spürt, dass er sich von einer Lebenslüge befreien kann. Können wir davon etwas für unsere »Befangenheiten« lernen?

- Habe ich schon mal erlebt, dass mich Menschen verachtet und beschimpft haben?
- Kenne ich Zeiten, in denen ich mir Situationen in meinem Leben schöngeredet habe?
- Wenn Jesus heute käme und vor allem mit Fanatikern oder Asozialen rumhängen würde – wie würde ich mich fühlen?
- Von welcher »Krankheit« oder Lebenslüge würde ich gern von Jesus geheilt werden?

Bibelstelle: Matthäusevangelium 9,9-13

12. Maria Magdalena

DIE HEILUNG EINER JÜNGERIN

Ich könnte euch viel erzählen. Zum Beispiel, wie ich Jesus zum ersten Mal gesehen habe. Auf unserem staubigen Marktplatz in Magdala, am Westufer des Sees Genezareth. Das war ... verrückt. Ich meine, ist euch das auch schon mal passiert? Dass ihr einem Menschen begegnet und sofort den Eindruck habt: »Der versteht mich. Der kennt mich. Der weiß, wer ich bin!«? Ja, mehr noch: »Diesem Menschen muss ich nichts vormachen. Der durchschaut mich sowieso.« Das fühlt sich fantastisch an. Eine unglaubliche Sicherheit: »Bei dem kann mir nichts passieren.«

Ich könnte euch so viel erzählen. Auch über Dinge, die damals lieber nicht herumposaunt wurden: zum Beispiel die Tatsache, dass die Reisen von Jesus und seinen Jüngern die meiste Zeit von mir und anderen Frauen finanziert wurde.

Ja, habt ihr euch noch nie gefragt, wer das alles bezahlt hat? Gewänder, neue Schuhe, Seife, Wegzehrung und all das ... das musste doch alles bezahlt werden. Genau: von uns Frauen. Wahrscheinlich wurde deshalb gesagt: »Sie unterstützten ihn mit ihrem Vermögen.«

Oder ich könnte euch erzählen von den ganzen Eifersüchteleien. Was meint ihr, was da getuschelt wurde? »Der Erlöser liebt Maria Magdalena genauso wie seine Jünger.«

Eines Tages hatte ich einen Traum. Ich habe Jesus darin gefragt, wie wir Menschen göttliche Visionen überhaupt begreifen, mit der Seele oder durch den Heiligen Geist. Und wisst ihr, was er mir geantwortet hat? »Nicht allein mit der Seele und nicht mit dem Heiligen Geist, sondern durch das Verstehen. Das liegt in der Mitte zwischen beiden.«

Das habe ich den Jüngern erzählt – und dann gab's ein Riesentheater. Sie wollten mir partout nicht glauben. »Sollte der Erlöser heimlich mit einer Frau gesprochen haben? Was sollen wir denn jetzt tun? Sollen wir umdenken und auf sie hören? Hat der Erlöser sie uns gegenüber bevorzugt?«

Da brach wohl das durch, was viele damals nicht begreifen konnten ... oder nicht begreifen wollten: dass Jesus Frauen und Männer gleich geliebt, geachtet und behandelt hat. Er hat da nie Unterschiede gemacht. Natürlich hat er zwölf Männer als Jünger versammelt, zwölf Männer, die für die zwölf Stämme Israels stehen sollten. Aber schaut nur, wie viele Frauen er geheilt hat ... und wie vielen Frauen er öffentlich gesagt hat, dass sie einen starken Glauben hätten.

Ach, ich könnte euch so viel erzählen. Denn ich war ja fast die ganze Zeit bei ihm. Von den ersten Tagen seines öffentlichen Wirkens bis nach der Auferstehung. Ich war eine der Frauen, die das leere Grab entdeckt haben. Aber das passierte alles viel später. Heute geht es ja um den Anfang. Um diesen Moment, in dem ich erkannte, dass er mich kannte. Und das besser als ich mich selbst. Denn um ehrlich zu sein: Ich kannte mich damals nicht besonders gut. Nein, mehr noch, ich war nicht einmal Herrin meiner selbst. Ich hatte die Kontrolle über mein Leben verloren.

Kennt ihr das, dass ihr das Gefühl habt, ihr lebt nicht, sondern *werdet* gelebt? Nicht ihr fällt die Entscheidungen, sondern irgendjemand, irgendwer, irgendwas steuert euch in eine bestimmte Richtung – und ihr könnt nichts dagegen tun. Grauenhaft. Wie eine Sklavin. Ich habe mich damals so hilflos gefühlt, so verloren, so entwurzelt. So gefangen in mir selbst.

Später haben sie mir gesagt, ich wäre in jener Zeit von sieben Dämonen besessen gewesen. Nennt man das so? Vermutlich. Ich weiß nur, dass ich damals nicht ich selbst war. Nicht das Leben führte, das ich führen wollte. Bis Jesus kam.

Wenn ich heute meine Geschichte erzähle, fragen die Leute immer: »Maria, sag uns, was genau hat Jesus damals gemacht? Wie hat er die sieben Dämonen ausgetrieben? Hat er einen bestimmten Exorzismus angewandt?« Ich kann dann nur antworten: »Ich weiß es nicht. Ich weiß nur: Er hat seine Hand auf meine Stirn gelegt, die Augen geschlossen, Gott um seinen Beistand gebeten ... und auf einmal war ich frei.«

So war das! Auf einmal war ich frei. Auf einmal war meine Knechtschaft vorüber. Auf einmal war da in mir die Kraft und die Zuversicht, mein Leben selbst gestalten zu können. Nicht mehr zu fragen, was irgendjemand von mir denkt, sondern zu fragen, was Gott von mir denkt. Und dabei zu wissen: Das, was Gott von mir denkt, ist – vor allem anderen – liebevoll und zugewandt.

Weil ich begriffen habe, dass Gott mir zugewandt ist, konnte ich mich auch mir selbst wieder zuwenden. Endlich. Ja, ich war so sehr bei mir selbst, dass für irgendwelche Dämonen einfach kein Platz mehr war.

Ich könnte euch so viel erzählen.

ZUM WEITER-DENKEN

Maria von Magdala erlebt eine Befreiungserfahrung und wird eine der bekanntesten Anhängerinnen von Jesus, von der es sogar ein außerbiblisches Evangelium gibt, aus dem einige der Zitate stammen.

- Wann in den letzten Jahren habe ich mal gedacht: »Ich lebe nicht – ich werde gelebt?«
- Von welchen »Dämonen« (mich einengenden Dingen) wäre ich gern möglichst schnell befreit?
- Werden in meinem kirchlichen Umfeld Frauen und Männer wie bei Jesus wirklich gleichbehandelt?
- Wo konnte ich schon mal erleben, dass ich mich plötzlich wie befreit gefühlt habe?

Bibelstelle: Lukasevangelium 8,1-3

13. Zachäus

KLEINER MANN MIT GROSSEM VERTRAUEN

Zachäus. Das heißt: sich erinnern. Und ich erinnere mich. Ganz genau sogar. An die skurrile Situation im Maulbeerbaum. Hier, wollt ihr mal sehen? Als ich damals wie ein Verrückter von diesem Baum runtergeklettert bin, habe ich mir an einem der Äste den Arm aufgeritzt. Hier… seht ihr ihn, diesen Strich? Das ist die Narbe von damals.

Absurd irgendwie. Oder? Ich, der oberste Zöllner von Jericho, bin auf einen Baum geklettert. Wie peinlich ist das denn? Aber ihr seht ja: Ich bin nicht einer der Größten unter den Männern.

Was machst du, wenn du schon als Junge merkst, dass du immer der Kleine sein wirst? Ich habe mir damals gedacht: »Also gut, ich bleibe vielleicht klein, aber dafür werde ich stark. Und reich. Ich werde euch schon zeigen, dass ihr mich respektieren müsst.«

Und das haben die Frauen und Männer von Jericho auch gemacht. Klar, sie wussten: Irgendwann stehen sie alle mal vor meinem Schalter und müssen ihre Steuern zahlen. Und dann ist es nicht besonders clever, mich zum Feind zu haben.

Aber wenn die Leute in Horden aufmarschieren, dann werden sie übermütig. Als bekannt wurde, dass dieser Prophet und Wunderheiler aus Nazareth vorbeikommt, war das natürlich die Sensation schlechthin. Ein Prophet aus Nazareth. Da waren die Straßen voll. So voll, dass die Leute sich sicher gefühlt und mich nicht vorgelassen haben. Es war, als würde sich all die Wut zusammenballen, die sich mir gegenüber im Lauf der Jahre angesammelt hat.

Einer hat mir ohne Zögern seinen Ellenbogen ins Gesicht gerammt. So hart, dass meine Nase sofort zu bluten anfing. Der Kerl hat sich zwar entschuldigt, als wäre es ein Versehen gewesen, aber sein Grinsen hat ihn Lügen gestraft.

Und ganz egal, wo ich versucht habe, mir am Straßenrand ein Fleckchen zu suchen, irgendwer hat mich immer brutal zur Seite gedrängt. Dabei wollte ich diesen Jesus auch unbedingt sehen. Also habe ich mir überlegt, wo er vermutlich langlaufen würde.

Tja, und dann stand da am Weg dieser Maulbeerbaum. *Gut,* habe ich mir gedacht, *wenn ihr mich nicht durchlasst, dann klettere ich eben hier hoch.* Klettern konnte ich nämlich schon als Kind sehr gut. Das ist ein Vorteil, wenn man klein ist.

Ich hatte mich eben erst gemütlich auf dem Baum eingerichtet, da tauchte Jesus auch schon auf. Umschwärmt wie ein Blütenkelch von den Bienen. *Hey*, dachte ich stolz, *das ist ja oben hier echt der Luxusplatz. Ich kann gleich sogar sehen, ob Jesus eine Glatze bekommt oder nicht.*

Und dann … unfassbar … bleibt er einfach unter mir stehen. Direkt unter meinem Baum. Er hebt den Kopf, schaut mich an, zwinkert mir zu … und sagt: »Zachäus. Komm runter. Ich möchte bei dir einkehren.«

Bei diesen Worten wäre ich vor Schreck fast vom Baum gefallen. Woher kannte der denn meinen Namen? Und noch viel schlimmer: Wenn er meinen Namen kannte, dann würde er mich als guter Jude vermutlich genauso verachten wie all die anderen.

Andererseits ... warum würde er dann bei mir einkehren wollen? Irgendwas stimmte da nicht.

Noch jetzt, wo ich mich nur an diesen Moment erinnere, bekomme ich eine Gänsehaut am ganzen Körper. Das war so anders, so unerwartet, so gegen jede Gewohnheit: Der Messias zu Gast bei einem Zöllner. Halleluja! Das würde Ärger geben.

Gab es auch. Aber ich habe davon gar nicht so viel mitbekommen. Ich war nur dankbar. Dieser Wanderprediger hat meine Isolation durchbrochen. Hat mich zurückgeholt. In die Gesellschaft. Ins Leben. Und so wurde aus unserem gemeinsamen Abendessen ein Festmahl.

Irgendwann war ich so euphorisch, so aufgewühlt, dass ich laut gerufen habe: »Ich werde die Hälfte meines Besitzes an die Armen geben. Und wenn ich jemanden betrogen habe, dann werde ich ihm das geraubte Gut vierfach erstatten.«

Und wisst ihr, was Jesus da gemacht hat? Er hat seinen Becher gehoben, mir zugeprostet und gesagt: »Heute ist deinem Haus Heil widerfahren.«

Nebenbei: Diejenigen, die mal wieder gemäkelt haben, dass der Sohn Gottes bei einem Sünder eingekehrt ist ... denen hat Jesus direkt geantwortet: »Auch er ist ein Sohn Abrahams.«

Versteht ihr? Das war ja das, was mir alle ständig klarmachen wollten: »Du gehörst nicht mehr zum Volk Israel.« Und das hat Jesus einfach vom Tisch gewischt: »Na klar gehört er dazu.«

Gut, dass das mal einer gesagt hat.

ZUM WEITER-DENKEN

Zachäus wird als »Ausgestoßener« wieder Teil der Gesellschaft – und entscheidet sich, seiner Dankbarkeit sofort Ausdruck zu verleihen. Die Hoffnung fällt nicht weit vom Baum.

- Gibt es gelegentlich Momente, in denen ich mich allein und isoliert gefühlt habe oder fühle?
- Was würde ich denken, wenn Jesus sich bei mir zum Abendessen einladen würde?
- War ich schon mal so dankbar, dass ich mich bei der ganzen Welt bedanken wollte?
- Was müsste passieren, damit ich sagen würde: »Heute ist meinem Haus Heil widerfahren?«

Bibelstelle: Lukasevangelium 19,1-10

14. Die Syrophönizierin

HEILUNG AUF BEIDEN SEITEN

Ick sprecke nick besonders gute eure Spracke. Aber ich will erzähle, was ich erlebt mit Jesus. Weil: Hat alles geändert. Bei meine Tochter. Bei mick. Und … das musst ihr glauben … auck bei Jesus. Ja, Jesus lag falsch – und nach Gespräck mit mir, Meinung geändert. Vollig geändert. Glaubt mir.

Ich damals gelebt in Tyrus, große Stadt. Schone Stadt. Aber Land von Heiden … wie ihr sicker kennt. Tyrus. Jesus war bei uns, um zu kommen zu Ruhe. Viel los. Immer viel los. Wollte bleiben unerkannt. Aber sprack sick dock rum: Ist da dieser Mann aus Israel. Mackt Menschen gesund.

Und mein Tockter so krank. Schon so lang so krank. Immer hat sich hin- und hergedreht auf Bettstatt. Immer mit Schwitzen. Immer traurig. Ich so unglucklich, weil sie so unglucklich. Niemand sonst helfen. Also ich mich entschieden: Geh ich zu Mann aus Israel. Chesus.

War schwierick: Männer mit ihm mich nicht wollen lassen in Nähe. Wollen mich wegschicken. Wohl weil ich nicht Jude, weil ich Heidin. Aber ich geschrien. Laut geschrien. Immer lauter. Hat schon wehgetan. In Hals und in Ohren. Dann ich mich reißen los von Griff von die Junger und laufen zu Chesus: »Hilf! Tochter so krank. Hilf. Tochter so unglucklich.«

Er mich anschauen. Kopf schutteln. Gar nickt anworten. Wohl nickt sick fur mich interessieren. Nickt gute Stimmung. Ick Tränen.

Aber ick nickt lockerlassen. Noch mal rufen: »Hilf! Tochter so krank.« Dann er sagen, warte, ick mir aufgeschriebe: »Lasst zuerst die Kinder satt werden; denn es ist nicht recht, das Brot den Kindern wegzunehmen und den kleinen Hunden vorzu-werfen.« Ah: Kinder sind Jude, ick bin Hund.

Ich so wutend. So traurick. So erbost. Ick dachte: Heilige Mann. Aber er mich nennen »Hund«. Ick bin nicht Hund. Bin nicht Tier. Ich weiß: Alle Juden denken, Tyrus ist wie Sodom und Gomorra. Weil schon judische Urvater Abraham hat gesagt: »Niemals nimm Frau aus Kanaan!« Aber muss heiliger Mann mich so verletzen?

Wutvoll ick schon überlege: Beleidige zuruck. Dumme Mann von Israel. Nix Maniere. Kann ick auch: Schimpfe. Tobe. Aber ick dann gedackt. Denke zuerst, dann rede. Ick gedackt, dann gesagt – und plotzlich war ganz klare Satz. Ick gesagt, wart, steht auch hier auf Blatt: »Herr! Aber auch die kleinen Hunde unter dem Tisch essen von den Brotkrumen der Kinder.« Woher auf einmal gute Spracke ... weiß nickt. Wunder? Weiß nickt. Aber passiere!

Ich schon Angst: zu dreist. So Frau darf nickt rede mit heilige Mann. Schon gar nickt Frau aus Tyros. Heidin. Hündin. Gleich seine Junger mich schlage oder trete. Aber komme ganz anders.

Chesus mich lange schaut an. Als musse selber denke. Und noch mehr denke. Und noch viel mehr denke. Lange lange. Dann er nehme meine Hand und halte fest... und spreche so, dass alle es höre: »Weil du das gesagt hast, sage ich dir: Geh nach Hause, der Dämon hat deine Tochter verlasse.«

Ick gekusst seine Hand. Immer und noch mal. Dann gerannt nach Hause. Und... da... auf Bett... sitzt mein Tochter und lacht. Lacht, wie noch nie hat gelacht. Lacht und springt in meine Arm und das Bose iss weg. Vollig weg. Nix mehr da. Sie gesund. So gesund!

Was da ist bloß passiert mit Chesus? Hat Meinung geandert. Erst sagt: »Brot nur für Kinder von Israel.« Dann sagt: »Brot auch für Hunde unter Tisch.« Nein! Das ja ich gesagt. Ich gesagt: »Brot auch für Hunde unter Tisch.« Wie Gleichnis. Und Chesus verstanden hat: Wenn Hunde unter Tisch fresse Krummel von Brot, den Kindern nix fehlt. Gar nix. Sie trotzdem satt.

Vielleicht das die große Geheimnis: Von Heil immer ist genug da. Von Himmel immer ist genug da. Von Segen immer ist genug da. Fehlt nix. Alle satt. Auch wenn du verteilen ganz viel. An diese Tag Chesus hat kapiert. Hat verstande.

Und nickt nur das mit die »Genug da«, auch das mit »Heil auch fur Menschen aus andere Volker. Heil gut für Mensche aus alle Volker. Heil auch gut für Frau und Tochter aus Tyrus. Heil nickt kennt Grenze. Heil uberwindet alle Grenze. Das Gottes Botschaft. Und diese Botschaft Chesus hat verstanden wegen mich. Weil ich zu ihm gekomme und geredet von die Hunde.

Viele mir nickt glaube. Viele denke: Sohn von Gott nicks kann lerne von Frau aus Tyros. Mag sein: aber dock. An diese Tag Chesus hat gelernt von mir. Vielleickt Gott hat durch mick gesproche. Veilleickt Gott sprickt auch durch dick. Durch viele Menschen. Vielleickt Gott ist in uns – in mir … in dir … in uns alle.

Später ick nock oft gedackt: An Anfang ick geglaubt, Chesus kann macke Kind gesund. Er nickt geglaubt. Dann aber er verstande, wie groß meine Glaube. Und wie groß mein Hoffnung. Denn ick nickt aufgegebe als mich ubersehe, als mich Junger fast wegschicke, als Chesus mick nenen Koter, dreckige Hund, wie viele Jude nennen Menschen von andere Religion.

Aber ick nickt aufgegebe. Ich dran gebliebe. Weil Hoffnung ebe nickt aufgebe. Immer weiterhoffe. Immer weiter. Auch wenn schwierick.

Das meine Geschickte. Ick hoffe, ihr verstande. Fur mick die Moment von meine größte Gluck. Kind gesund. Und Chesus erkenne, dass alle Mensche konne satt werde von die Heil von die Himmel.

ZUM WEITER-DENKEN

Die Syrophönizierin erlebt etwas Einzigartiges: Sie öffnet dem Sohn Gottes die Augen, sodass nicht nur ihre Tochter heil wird, sondern Jesus seinen Blick über die Grenzen Israels hinaus weitet.

- Habe ich schon einmal erlebt, dass ein anhaltendes Hoffen zum Erfolg geführt hat?

- Was sagt uns das, dass die Bibel eine Geschichte erzählt, in der auch Gottes Sohn etwas dazulernt?
- Wie finde ich die Vorstellung, dass das Heil Gottes auf jeden Fall für alle Menschen reicht?
- Gibt es etwas, das ich Jesus gerne mal sagen würde, damit er seine Meinung überdenkt?

Bibelstelle: Markusevangelium 7,24-30

15. Petrus

UNTERGEHEN UND WIEDER AUFTAUCHEN

Am See Genezareth erzählt man sich an den Lagerfeuern eine alte Legende: In der Nacht erscheinen auf dem See heimtückische Geister, die die Fischer mit ihren klammen Fingern von Deck und in die Tiefe ziehen, wo sie und ihre Seelen jämmerlich ertrinken.

Das müsst ihr wissen. Sonst könnt ihr nicht verstehen, warum wir so in Panik geraten sind, als Jesus auf dem Wasser aufgetaucht ist. Wer diese Legende kennt, der erschrickt natürlich zu Tode, wenn da mitten in der Nacht eine dunkle Silhouette über den Wellen schwebt und auf dich zukommt.

Mir ist das Herz genauso in die Hose gerutscht wie den anderen. Wir haben laut geschrien vor Angst. Animalische, schrille Schreie, die weit durch die nächtliche Finsternis hallten: »Ahhhh … ein böser Geist!«

Doch dann drang seine Stimme durch die Dunkelheit: »Hey, ich bin es; ihr müsst keine Angst haben.« Noch nie bin ich so erleichtert gewesen. Andererseits: Vielleicht war das ja ein Gespenst, das uns in Sicherheit wiegen und dann umso brutaler vernichten wollte.

Also beschloss ich: *Ich werde diesen Geist prüfen*. Energischer, als ich mich fühlte, rief ich der Erscheinung entgegen: »Herr, wenn du es wirklich bist, dann befiehl mir, auf dem Wasser zu dir zu kommen.« Kaum hatte ich diesen Satz ausgesprochen, durchfuhr es mich: *Bin ich denn völlig meschugge?* Es war wie so oft: Ich hatte gesprochen, bevor ich nachgedacht hatte.

Doch da sagte die Erscheinung: »Komm her!« Und sie klang so unglaublich vertraut, so sehr nach Jesus. Und ich dachte in diesem Moment: *Jetzt wird mein Glaube zum ersten Mal in meinem Leben geprüft.* Bisher war es so leicht, all diese hoffnungsvollen Geschichten von Jesus zu hören und mit ihm von einer besseren Welt zu träumen. Aber das hier, das war die Realität. Jetzt ging es darum zu zeigen, ob an meinem Glauben was dran ist.

In diesem Moment begriff ich: Glauben ist immer Risiko. Immer! Ist immer ein Loslassen von Sicherheiten. Ist immer ein Einlassen auf etwas ganz Anderes, auf etwas, das ich nicht im Griff habe – denn wenn ich es im Griff hätte, dann müsste ich ja nicht glauben.

Also hob ich mein Bein zitternd über die Reling. Zentimeter für Zentimeter. Stück für Stück. Bis meine Fußsohlen die Feuchtigkeit spürten. Ja, das war der Moment, in dem ich wusste: *Jetzt muss ich ganz vertrauen!*

Und das machte ich dann. Mit einem flauen Gefühl im Magen. Ich hob auch das zweite Bein hinüber, sehr langsam – und dann stand ich auf dem Wasser. Ja: ICH STAND AUF DEM WASSER! Auf dem See Genezareth.

Habt ihr schon mal ein kleines Kind gesehen, das seine ersten Schritte versucht? Stolpernd, tastend. Fuß vor Fuß. So habe ich mich in diesem Moment gefühlt, als ich auf Jesus zutaumelte. Es war, als würde ich neu laufen lernen. Als würde ich zum ersten Mal in meinem Leben als Glaubender laufen.

Nachdem ich ein paar Meter weit gekommen war, machte irgendwas in meinem Kopf »Klick!«. Ich sah die hohen Wellen, ich spürte die Gischt im Gesicht und ich hörte mich selbst sagen: »Menschen können nicht auf dem Wasser laufen. Das geht einfach nicht.«

Da... begann ich zu sinken. Als gäbe das Wasser unter mir plötzlich nach. Was meine Angst natürlich maximal steigerte. Und ich fing zum zweiten Mal in dieser Nacht an zu brüllen: »Herr, rette mich!« Ich war noch nie ein großer Schwimmer. Und in dieser Situation war ich überzeugt, mein letztes Stündchen hätte geschlagen.

In meiner Verzweiflung habe ich wild mit den Armen um mich geschlagen – und als meine rechte Hand in die Höhe fuhr, griff Jesus zu. Fest und mit einer Kraft, die unwiderstehlich war. Er beugte sich zu mir und flüsterte mir mitten im Tosen des Sturmes zu: »Du Kleingläubiger, warum hast du gezweifelt?«

Empört wollte ich erwidern: »Immerhin bin ich aufs Wasser gegangen. Die anderen Nasen sind alle im Boot geblieben.« Aber ich habe lieber geschwiegen. Denn natürlich hatte er recht. Ich war ein Kleingläubiger.

Dann gingen wir beide zum Boot... ja, wir gingen über das Wasser zum Boot, stiegen hinein... und als wir die Planken betraten, war der Sturm wie weggeblasen. Ich dachte noch: *Jesus, das hättest du doch gleich machen können.*

Es sei denn … es sei denn, er wollte, dass ich etwas lerne, in dieser tosenden Nacht.

Ich glaube, das habe ich.

ZUM WEITER-DENKEN

Petrus erlebt, wie sehr Glauben und Vertrauen zusammenhängen. Und dass ein Mensch, der nicht vertrauen kann, schnell in seinen Ängsten versinkt. Eine beispielhafte Erfahrung.

- Wann hatte ich das letzte Mal das Gefühl, dass mir das »Wasser bis zum Hals steht«?
- Welche Rolle spielte mein Vertrauen (auf mich/auf das Leben/auf Gott) in dieser Situation?
- Habe ich schon mal erlebt, dass sich mein Glaube tatsächlich bewähren musste – wie bei Petrus?
- Wie gehe ich mit Zweifeln in meinem Leben um … und was genau machen sie mit mir?

Bibelstelle: Matthäusevangelium 14,22-32

16. Bascha

DER GELÄHMTE UND SEINE FREUNDE

Bascha! Das bin ich. Und ich bin in die ganze Sache schlicht reingeschliddert. Tobias hat an diesem Tag zu mir gesagt: »Los, pack mit an. Wir bringen unseren Freund zu diesem Wunderheiler.« Ich kannte den Typen gar nicht. Also: den Gelähmten. Und den Wunderheiler auch nicht.

Aber ich kann ja nie »Nein« sagen, wenn mich jemand um einen Gefallen bittet. Nervt mich manchmal selbst total: »Bascha, du hast echt 'nen Sprachfehler. Sag nicht ständig Ja.« Aber ich mach's eben doch. Und als Tobias mich gefragt hat, ob ich ihm helfe, habe ich halt auch Ja gesagt. So haben wir den Mann quer durch die halbe Stadt geschleppt.

Zuerst schien die ganze Mühe umsonst. Da war nämlich alles absolut überfüllt. Ein Riesengedränge – und nicht der Hauch einer Chance durchzukommen. Klar, die gesamte Einwohnerschaft der Region war zusammengeströmt, um den Kerl reden zu hören.

Natürlich hat auch keiner Rücksicht auf uns genommen. »Hey, wir haben hier einen Gelähmten, lasst uns doch bitte durch!« Aber: nichts. Die Leute standen so dicht an dicht, wahrscheinlich hätten sie uns nicht mal dann Platz machen können, wenn sie gewollt hätten.

Wir haben den Gelähmten am Straßenrand abgesetzt und uns den Schweiß von der Stirn gewischt. Wir alle dachten dasselbe: *So ein Mist, die ganze Mühe für nichts und wieder nichts!*« Tja, und dann hatte ich auf einmal diese verrückte Idee. Ich habe Tobias am Arm gepackt und gesagt: »Was hältst du davon, wenn wir ihn aufs Dach bringen und an Seilen runterlassen«?

Er hat mich angeschaut, als hätte ich sie nicht alle. »Was? Dann müssten wir ja ein Loch in die Decke machen.«

»Ja, und?«, habe ich gegrinst. »So ein Loch in einer Lehmdecke kann man schnell flicken, aber deinen Freund gesund machen – das kann vermutlich nur dieser Himmelsfuzzi da drinnen.«

Die andern beiden, die ihn mit uns getragen hatten, fingen an zu johlen: »Was für 'ne Vorstellung. Ein Loch ins Dach machen! Warum nicht? Manchmal muss man eben mit dem Kopf durch die Wand, beziehungsweise durch die Decke.«

Tja, und so haben wir's dann gemacht. Seile besorgt, den Gelähmten aufs Dach geschleppt, mit den Händen die Lehmdecke aufgerissen und den Typen an den Seilen runtergelassen. Und zwar so, dass er genau vor den Füßen von diesem Jesus gelandet ist. Saubere Arbeit, kann ich da nur sagen. Und mir ist neu klar geworden, warum viele von mir sagen: »Der Bascha, der lässt sich durch keine Hindernisse aufhalten, der hat immer noch eine verrückte Idee.«

Doch dann passierte was Verwirrendes. Jesus hat nämlich nicht auf den Gelähmten geschaut – er hat den Kopf gehoben und uns angeschaut, uns vier, die wir da von oben hinunterstarrten. Er hat mir in die Augen gesehen und anerkennend die Augenbrauen gehoben. Als wollte er sagen: »Hey, euer Glaube, Jungs, der ist was Besonderes.« Tja, ich vermute bis heute, dass er den Typen auch geheilt hat, weil wir uns so für ihn eingesetzt haben.

Allerdings hat er erst mal laut gesagt: »Mein Sohn, deine Sünden sind dir vergeben.« Was ich nicht verstanden habe. Was kann denn so ein Gelähmter schon groß sündigen? Ja, ich weiß: Viele glauben immer noch, wenn einer krank ist, dann liegt das daran, dass er gesündigt hat. Aber komisch war's trotzdem.

Und natürlich haben sich einige Geistliche, die mit da rumstanden, total aufgeregt: »Wie redet der denn da, der lästert Gott. Wer außer Gott kann Sünden vergeben?« Und da habe ich's kapiert: Jesus hatte sich mit der Sündenvergebung mit Gott gleichgestellt. Und das war ganz schön krass.

Deshalb hat er dann auch erwidert: »Was denkt ihr bloß? Was ist leichter: Zu dem Gelähmten zu sagen: Dir sind deine Sünden vergeben, oder ihm zu sagen: Steh auf und lauf los? Passt auf! Damit ihr wisst, dass ich als Menschensohn die Macht habe, Sünden zu vergeben auf Erden ...« Jesus machte eine kunstvolle Pause, beugte sich zu dem Gelähmten runter und ermunterte ihn: »Ich sage dir, steh auf, nimm deine Matte und geh heim!«

Ich wusste ja, dass der Mann am Boden schon seit seiner Geburt nicht laufen konnte. Doch jetzt starrte er seine Zehen an, mit denen er plötzlich wackeln konnte. Dann hat er mit aufgerissenen Augen die ganzen Füße bewegt. Erst ganz langsam, dann immer schneller. Und dann hat er sich auf die Ellenbogen gestützt, sich hochgedrückt, Jesus hat ihm dabei noch geholfen… und auf einmal stand er im Raum. Stand da und konnte es selbst nicht fassen.

Habt ihr schon mal einen Menschen gesehen, der so glücklich ist, dass sein Glück auf euch überspringt? So war das. Auf einmal waren wir alle glücklich. Mit ihm. Durch ihn. Dann beugte sich der ehemals Gelähmte nach unten, als wäre das etwas ganz Natürliches, hob seine Matte auf und ging durch die dicht gedrängte Menschenmenge hinaus ins Freie. Wow! Das hatte was.

Auf dem Rückweg hat er das Ding, auf dem wir ihn den ganzen Hinweg durch die Hitze geschleppt hatten, selbst getragen. Wahnsinn. Und wisst ihr, was ich mich seitdem frage? *Welche Freunde werden mich wohl tragen, wenn ich mich mal wieder wie gelähmt fühle? Wer bringt mich zu diesem Jesus, wenn meine Kraft nicht reicht?* Und zum Glück weiß ich: Allein hier im Raum sind einige, die das machen würden. Oder? Tja!

ZUM WEITER-DENKEN

Baschas Geschichte zeigt, dass Menschen in gewisser Weise füreinander glauben können. Zumindest betont die Bibel, dass der »Glaube der Freunde« Jesus überzeugt. Ein inspirierender Gedanke.

- Welche Menschen in meinem Leben haben dazu beigetragen, dass ich Jesus nähergekommen bin?
- Welche Menschen fallen mir ein, die durch mich Jesus nähergekommen sind?

- Habe ich Freundinnen und Freunde, die in schweren Zeiten für mich da sind und den Weg frei machen?
- Warum hat Jesus von Anfang deutlich gemacht, dass Glauben am besten in Gemeinschaft aufblühen kann?

Bibelstelle: Markusevangelium 2,1-12

17. Der Besessene

Es gibt eine Frage, die ich mir seit damals immer wieder stelle: »Wollen wir Menschen überhaupt gesund werden?« Das klingt jetzt beknackt, aber ich kenne einige Leute, die sich in ihrem Elend richtig bequem eingenistet haben. Sie jammern zwar ständig, wie schlecht es ihnen geht, aber wenn du ihnen konkrete Veränderungsmöglichkeiten zeigst, finden sie jedes Mal Ausflüchte, warum diese Hilfe jetzt keineswegs angebracht ist. Kein Wunder, dass schon der berühmte Arzt Hippokrates gesagt hat: »Bevor du jemanden heilst, frage ihn, ob er bereit ist, die Dinge aufzugeben, die ihn krank gemacht haben.«

Warum erzähle ich euch das? Weil ich auch so einer war, der partout nichts verändern wollte, obwohl es ihm unfassbar schlecht ging. Und wie schlecht es mir ging: Ich habe damals in einer Grabhöhle gehaust, in der Nähe des Sees Genezareth. In Gerasa. Und alles in mir war zerstörerisch. Ich habe von morgens bis abends rumgebrüllt und jeden angegriffen, der sich mir genähert hat. So sehr, dass die Leute mich mehrfach festgebunden haben – aber meine Raserei war so unkontrollierbar, dass ich alle Ketten gesprengt habe.

Ich habe auch mich selbst regelmäßig verletzt, ja, ich habe mit spitzen Steinen auf mich eingeschlagen, bis das Blut spritzte, weil die Schmerzen das Einzige waren, das mich daran erinnert hat, dass ich lebendig bin. Im Dorf haben sie geraunt: »Der ist von Dämonen besessen!«

Und dann, eines Tages, tauchte am Horizont ein Boot auf. Es legte an, mehrere Männer stiegen aus und kamen direkt auf mich zu. Fragt mich nicht, warum, aber ich wusste sofort: Der Anführer von denen, das ist dieser Jesus aus Nazareth. Von dem hatte selbst ich schon gehört.

Noch bevor ich nachdenken konnte, rannte ich zu ihm hin und schrie: »Jesus, du Sohn des Allmächtigen, tu mir nichts.« Warum habe ich das gemacht? Der Mann konnte mich doch gesund machen, der war mit dem Himmel im Bund, das wusste ich. Aber irgendetwas in mir wollte partout nicht geheilt werden. Warum bloß?

Jesus grüßte mich: »Wie heißt du?«

Und ich brüllte: »Mein Name ist Legion, denn wir sind viele.« Ich wusste überhaupt nicht mehr, wer ich wirklich bin. In mir waren so viele Stimmen. So viele Ängste. So viele Unsicherheiten. Nein, ich konnte nicht sagen, wer ich bin. Ich war viele. Eine ganze Legion – eingesperrt in einen Kopf, den ich damals am liebsten schon wieder gegen einen Felsen geschmettert hätte.

Und doch passierte etwas in mir. Indem ich geantwortet hatte, hatte ich das Problem beim Namen genannt. Zum ersten Mal hatte ich mir und der Welt eingestanden, dass ich nicht im Vollbesitz meiner geistigen Kräfte war, eben weil so viele unterschiedliche Begierden an mir zerrten. Ich wusste – im wahrsten Sinne des Wortes – nicht mehr, wessen Geistes Kind ich war.

Jesus aber rief nur: »Zerstörerischer Geist, verlasse diesen Mann.« Es fühlte sich an, als greife er mit diesen Worten direkt in meinen Kopf und deute auf all die Gedanken in mir, die mich innerlich marterten – all das Destruktive und Verletzende: »Ihr da, ihr müsst diesen Mann in Frieden lassen.«

Doch die zerstörerischen Gedanken waren stark. Mächtig. Und wütend. So was von wütend. Darum sage ich ja: Manchmal wollen wir überhaupt nicht gesund werden. Zumindest forderte etwas in mir beharrlich, nicht weggeschickt zu werden, sondern in der Nähe bleiben zu dürfen – und sei es nur in der widerwärtigen Schweineherde, die da gerade vor mir am Ufer lagerte.

Hatte ich das wahrhaftig gesagt? Dass meine dunklen Anteile in eine Schweineherde übergehen sollten? Schweine, das Sinnbild für alles Heidnische. Ja, vielleicht gerade deshalb. Das Erstaunliche war: Jesus erlaubte es. Sofort. Im Rückblick scheint mir, als könne es gar kein besseres Bild für das geben, was mit mir passiert ist: Alles Zerstörerische verließ mich und fuhr in diese grunzenden Tiere.

Und jetzt erst verstand ich, wie groß das Unheil gewesen war, das in mir getobt hatte. Denn das Elend, das ich allein hatte tragen müssen, war so grauenhaft, dass zweitausend Schweine es nicht ertragen konnten. Sie stürzten sich in den See und ertranken. So unendlich groß war mein Elend gewesen. Seither weiß ich, warum man gerne sagte: »Ich lasse die Sau raus.« Nein, das ist natürlich Unsinn. Und doch werde ich dieses Bild nie mehr vergessen. Zweitausend Schweine, die vor meinen Augen in einem See ertrinken, weil sie von meinem Schmerz überwältigt wurden.

Ich habe euch am Anfang gefragt, ob wir Menschen überhaupt gesund werden wollen. Und jetzt stellt euch vor: Selbst die Schaulustigen, die Augenzeugen meiner Heilung geworden waren, waren nicht etwa voller Freude, sondern voller Panik. Sie baten Jesus eindringlich, er möge weiterziehen. Ist das nicht seltsam? Anstatt meine Befreiung zu feiern, fürchteten sie sich vor der Freiheit. Vor dem Gesundwerden. Könnte sein, dass ihnen bewusst wurde, dass sie ebenfalls den dunklen Stimmen in sich den Kampf ansagen sollten.

Ich zumindest denke inzwischen: Das Zerstörerische in uns muss raus. Und manchmal hilft da nur eine Stimme von außen, die uns zeigt, was uns zerfrisst. Aber ich gebe zu: Es ist nicht immer einfach, auf so eine Ermahnung zu hören.

ZUM WEITER-DENKEN

Der Besessene von Gerasa zeigt auf bildhafte Weise, was es bedeutet, destruktive Mächte in sich wahrzunehmen und dann loszuwerden – im Vertrauen auf die heilende Kraft von Jesus.

- Habe ich das schon einmal erlebt: dass ich nicht wirklich von einer »Krankheit«, einer schlechten Angewohnheit befreit werden wollte?
- Welche »Dämonen« in mir müsste ich endlich mal beim Namen nennen, um sie stellen zu können?
- Anders ausgedrückt: Gibt es Facetten meiner Persönlichkeit, die ich gerne überwinden würde?
- Was könnte mir helfen, einen Schritt zur Befreiung von solchen destruktiven Mustern zu machen?

Bibelstelle: Markusevangelium 5,1-20

18. Die Ehebrecherin

DER STEIN DES ANSTOSSES

Ich weiß gar nicht ... ich weiß nicht, ob ich das kann. Euch erzählen, was damals passiert ist. Vor so vielen Leuten. Mir ist das immer noch unangenehm. Echt peinlich. Ja, es beschämt mich. Also, bitte verurteilt mich nicht für das, was ich getan habe. So wie Jesus mich nicht verurteilt hat.

Gut. Ich erzähle es euch. Puh. Also ... es war so: Ich hatte mich verliebt. Obwohl ich verheiratet war. Obwohl ... nein, wohl eher, *weil* ich verheiratet war ... mit einem brutalen, beschränkten Mann, der mich mehrmals pro Woche verprügelt hat, der mich nur benutzt hat, der für jedes unserer zwölf Schafe mehr Achtung zeigte als für mich – seine ihm anvertraute Ehefrau.

Ja, ich hatte mich verliebt. In einen anderen. Ungeplant. Aber es hat mich überwältigt. Und ja, ich wollte diesem anderen nah sein. Einmal echte Zärtlichkeit spüren. Einmal wirklich geliebt werden. Nur einmal.

Ich weiß, das macht nicht besser, was ich getan habe. Und ich möchte mich auch nicht rechtfertigen.

Jedenfalls, sie hatten uns erwischt, meinen Liebsten und mich, und mich direkt in den Tempel gebracht. Die abscheuliche Ehebrecherin. Mich im Vorhof öffentlich an die Wand gestellt und allen von meiner Schandtat erzählt. Meiner Sünde. Meinem Vergehen. Ich hatte solche Angst. Es war einfach nur schrecklich.

Doch etwas stimmte nicht an dem ganzen Drumherum. Und ich brauchte einige Zeit, um zu kapieren, was da ablief. So eingeschüchtert und schockiert war ich. So richtig verstanden habe ich es wohl erst im Nachhinein: An diesem Tag ging es gar nicht um mich. Wieder nutzten Männer meine Situation aus, um ihre Bedürfnisse zu befriedigen. Nein, es ging um diesen Jesus. Ihn wollten sie mit meiner Hilfe dazu bringen, einen schweren Fehler zu begehen. Sich zu blamieren. Damit sie endlich etwas haben würden, das sie gegen ihn verwenden konnten.

Deshalb deutete der Wortführer der Geistlichen mit ausgestrecktem Finger voller Widerwillen auf mich – schaute dabei aber Jesus direkt ins Gesicht und schrie: »Jesus! Das Gesetz des Moses verlangt, dass diese Ehebrecherin gesteinigt wird. Was sagst du dazu?«

Eine Falle! Natürlich war das eine Falle. Jesus konnte es nur falsch machen: Wenn er sich gegen meine Steinigung aussprach, würde er sich öffentlich von den Heiligen Schriften unseres Volkes distanzieren. Eine Gotteslästerung sondergleichen. Pfui!

Wenn er dem Todesurteil aber zustimmte, dann würde er all seine schönen Geschichten von Vergebung, Gnade und Liebe Lüge strafen. Und damit seine Glaubwürdigkeit bei seinen Anhängern zerstören.

Ich weiß noch, dass ich dachte: *Er kann nur verlieren. Diesmal haben sie ihn.* Ja, ich erinnere mich, dass ich vor Verzweiflung den Blick senkte und am Boden einen großen grau-schwarzen

Käfer entdeckte, der in einer Ritze zwischen zwei Steinen auf den Rücken gefallen war und hilflos mit den Beinen strampelte.

Tatsächlich schien es so, als hätte Jesus die Frage zwar gehört, wäre in Gedanken aber ganz woanders. Er ging in die Knie, beugte sich zu Boden und fing an, mit dem Finger auf der Erde zu malen. Seltsam desinteressiert. Als gäbe es nichts Wichtigeres als diese hellen Striche im Staub vor ihm.

Das Ganze dauerte wohl einige Minuten. Und es fühlte sich an, als hielte die Welt den Atem an. Meine Welt! Ich sah den Käfer vor mir, der immer verzweifelter vor sich hin strampelte, ich spürte die Spannung, die alle erfasst hatte – und ich hörte den Wortführer wie durch einen dichten Nebel höhnen. Diesen Mann, der irgendwann derb nachfragte, was denn Jesus nun meine, was sie mit dieser Sünderin, also mit mir, machen sollten.

Und Jesus? Der hob nicht mal den Kopf. Leise, als wolle er niemanden stören, sagte er, Wort für Wort betonend: »Derjenige unter euch, der noch nie gesündigt hat, der soll den ersten Stein werfen.« Dann malte er weiter mit seinem Finger Zeichen in den Sand. Hochkonzentriert. Als stünde dort die Antwort auf alle Fragen. Und vor mir strampelte der Käfer.

Ich zuckte zusammen, als neben mir ein helles Klacken ertönte. Hart und kalt. Ich dachte erschrocken, jemand hätte den ersten Stein geworfen, aber der Schriftgelehrte, ein älterer Mann mit einem gefleckten Bart, hatte seinen Stein nur zu Boden fallen lassen, sich umgedreht und schwankend den Ausgang angesteuert.

Und so ging es weiter. Überall fielen im Vorhof Steine zu Boden: Klack … Klack … Klack … Klack. Nach und nach gingen alle hinaus. Alle. Selbst der erboste Wortführer, dessen Gesicht zu einer Fratze verzerrt war.

Jetzt erst, als alle weg waren, hob Jesus seinen Kopf. Er nickte mir zu: »Und? Wo sind die ganzen Leute? Keiner mehr da, der dich verurteilt?« Ich stammelte nur: »Niemand, Herr!« Da trat er einen Schritt auf mich zu und nahm meine Hand: »Ich verurteile dich auch nicht. Geh – und sündige von jetzt an nicht mehr.«

Da bin ich gegangen. Zu meinem Ehemann – der mir, weil er die Geschichte aus dem Tempel schon gehört hatte, direkt an der Haustür den Scheidebrief überreichte. Er konnte die Schande nicht ertragen, die ich über ihn gebracht hatte. Die Sünde.

Auch Jesus hat meine Sünde nicht gerechtfertigt – er hat nur deutlich gemacht, dass Gnade und Vergebung größer sind als die Sünde. Immer größer sein werden. Und dass niemand von sich denken sollte, er wäre kein Sünder.

Ach ja, bevor ich den Tempel verlassen habe, habe ich den Käfer noch mit dem großen Zeh angetippt, sodass er wieder auf die Beine kam. Da sah er glücklich aus.

ZUM WEITER-DENKEN

Die Geschichte von der Ehebrecherin ist hochkomplex. Es geht um Schuld, um Vergebung und um die Frage, wer das Recht hat, andere zu verurteilen. Ein guter Ansatz zum Diskutieren.

- Was will uns die Geschichte deutlich machen? Dürfen nur perfekte Menschen andere kritisieren?
- Was halte ich persönlich für wichtiger: das Einhalten von Geboten oder die Gnade Gottes?

- Wie gehen wir vor, wenn wir entdecken, dass jemand falsch handelt und anderen schadet?
- Erzählt eine Geschichte, in der ihr Gnade erlebt habt oder gegenüber jemandem gnädig wart.

Bibelstelle: Johannesevangelium 8,1-11

19. Die Frau mit Blutungen

VON DER BERÜHRUNG BERÜHRT

Es ist so schrecklich, niemanden berühren zu dürfen. Niemanden. Nicht die Familie. Nicht den eigenen Ehemann. Nicht die eigenen Kinder. Nicht die Freundinnen. Niemanden. Wenn jemand wie ich – damals ein unreiner Mensch – einen anderen berührt hat, dann galt der nämlich ebenfalls als unrein. Aber das wisst ihr sicher längst.

Zwölf Jahre lang hatte ich Blutungen. Und galt deshalb nach unseren Gesetzen als unheilig, verdunkelt, gezeichnet. Wurde wie eine Aussätzige behandelt. Ich durfte nicht an Gottesdiensten teilnehmen, niemandem zu nahe kommen – und hatte ständig ein schlechtes Gewissen. Immer das unterschwellige Gefühl, nicht gut genug für diese Welt zu sein. Ich habe damit mir und meiner Umgebung das Leben zur Hölle gemacht.

Glaubt mir, ich habe alles versucht, um diesen Fluch loszuwerden. Ich habe ein Vermögen für Ärzte ausgegeben, habe verschlungene Wege auf mich genommen, um in dunklen Gassen viel gepriesene Heiler zu treffen, aber ihre sinnlosen Behandlungen haben mich nicht geheilt. Im Gegenteil. Es ging mir jedes Mal schlechter. Ein Leben voller Enttäuschungen.

Dann erwähnte meine Mutter diesen Jeschua. Diesen Jesus.

Und mich durchfuhr es: *Wenn ich nur seine Kleider berühre, dann werde ich geheilt.* Ja, natürlich wusste ich, dass ich ihn nicht anrühren durfte. Dass ich schon durch eine winzige Berührung diesen heiligen Mann entweihen würde. Ihn ebenfalls unrein machen. Aber ich war so verzweifelt.

Also habe ich mich heimlich unter die Leute gemischt. In einer Region, in der mich keiner kannte. Und als er dann an mir vorübereilte – offensichtlich auf dem Weg ans andere Ende der Stadt –, da bin ich mitten im Gedränge der Menschen einige Meter unauffällig neben ihm hergelaufen ... und dabei, nach einem angstvollen Seufzer, habe ich – atemlos vor Angst – den Saum seines Gewandes angefasst.

Später haben mir Menschen berichtet, das sei das einzige Wunder gewesen, das Jesus jemals unwillentlich vollbracht habe. Unbewusst. Zumindest hatte er wohl nicht damit gerechnet. Aber ich ... ich begriff im Moment der Berührung, dass ich von meiner Plage geheilt war. Ganz und gar.

Ich blieb fassungslos stehen und musste mich erst einmal sammeln. Ich war gesund! GESUND! Und dann sah ich voller Schrecken, dass Jesus auch stehen geblieben war. Als hätte ihn jemand festgehalten. Er drehte sich zu seinen Jüngern um, die neben ihm herliefen, und fragte sie laut: »Wer hat mich berührt?«

Er hatte anscheinend gespürt, dass von ihm eine Kraft ausgegangen war. Dass da etwas Heilendes, etwas Heiliges geschehen war. Oder hatte er womöglich entdeckt, dass er mit mir, also mit etwas Unreinem, einer aussätzigen Frau, in Kontakt gekommen war? Hatte ich ihn entweiht?

Ich hörte noch, dass einer der Jünger irritiert fragte, wie Jesus denn inmitten der dahinströmenden Volksmenge eine derartige Berührung bemerkt haben wolle, da fiel ich schon vor ihm auf die Knie. In den Staub. Ich, die Sünderin, die den Boten Gottes beschmutzt hatte. Ich fühlte mich schlecht. Wegen meines egoistischen Verhaltens. Meiner Missetat.

Und er? Jesus legte seine Hand auf meinen Kopf. Als seien weder er noch ich unrein. Als gäbe es überhaupt kein Problem. Als wäre es völlig natürlich, einander zu berühren. Und dann sagte er: »Sei guten Mutes!« Das war ich aber nicht. Ich hatte mich versündigt.

Doch er zog mich hoch. Zu sich. »Dein Glaube hat dich geheilt.« Mein Glaube! Wieso? Ich verstand doch gar nichts von dem, was er seinen Anhängerinnen und Anhängern erzählte. Welche Botschaften er sie in seinen Predigten lehrte. Ich war doch nur hierhergekommen, weil er meine letzte Hoffnung war. Genügt es denn schon, wenn ein Mensch eine tiefe Sehnsucht nach Heil in sich trägt und damit zu Jesus kommt?

Als habe er meine Gedanken gelesen, fügte Jesus hinzu: »Geh hin in Frieden. Sei gesund von deiner Plage.« Ich verstand ihn nicht. Wieder nicht. Warum sagte er »Sei gesund von deiner Plage«? Ich hatte doch längst gespürt, dass mein Körper wieder gesund geworden war. Meine Blutungen waren vorüber. Die Unreinheit beendet. Ich war schon geheilt.

Dann durchzuckte es mich. Ich drückte meinen Rücken durch, richtete mich auf, hob den Kopf und sah Jesus mit weit aufgerissenen Augen an: »Du meinst, jetzt, wo mein Körper geheilt ist, muss auch noch mein Geist gesund werden? Von der Scham, vom schlechten Gewissen, von der Angst?«

Er blinzelte mir verschmitzt zu und ... dann war sie weg, urplötzlich: diese ständige, gnadenlose Sorge, falsch zu sein. Dieses bange Gefühl, nicht zu genügen. Diese Traurigkeit, die sich zwar an meiner Krankheit festgeklammert hatte, die aber schon viel länger in mir wohnte. Es gab keinen Grund, mich zu schämen. Für nichts und niemanden. Schon gar nicht für mich selbst.

Ich hätte so gern noch weiter mit Jesus gesprochen, aber ein glatzköpfiger Mann bat ihn, dringend zu seinem Haus zu gehen. Da lächelte mir Jesus zum Abschied noch einmal zu und lief davon.

ZUM WEITER-DENKEN

Die Geschichte von der blutenden Frau erzählt von Nähe und Distanz – und davon, dass »glauben wollen« manchmal schon Glauben ist. Zumindest sieht Jesus das ganz offensichtlich so.

- Wie würde ich den Unterschied zwischen Heilung und Heil beschreiben, der hier angedeutet wird?
- Wo in meinem Leben hatte ich schon einmal ein schlechtes Gewissen ... oder dachte: Ich müsste eigentlich eines haben?
- Kenne ich das gefährliche Gefühl, nicht gut genug zu sein – und was kann ich dagegen tun?
- Warum ist es so wichtig, dass Jesus jeden Menschen als ein von Gott geliebtes und geachtetes Geschöpf behandelt?

Bibelstelle: Markusevangelium 5,24-35

20. Der Hauptmann von Kapernaum

SPRICH NUR EIN WORT

Ich war Soldat. Zenturio des römischen Heeres. Stationiert in Kapernaum. Entschuldigung, könntet ihr bitte aufhören, euch parallel zu unterhalten? Ja, ihr da hinten. Da, wo ich herkomme, da hören die Leute aufmerksam zu, wenn ein Offizier spricht. Wärt ihr so freundlich? Danke!

Ich soll einen Bericht abgeben ... von meiner Begegnung mit Jesus. Und wie es zu meinem inzwischen bekannt gewordenen Satz kam: »Sprich nur ein Wort ...« Wobei ich die Aufregung um diese Worte bis heute nicht verstehe. Noch einmal: Ich war Soldat. Zenturio. Oder Hauptmann, wie ihr gerne sagt. Ich weiß selbstverständlich, wie Befehlsketten funktionieren. Wenn jemand in der Armee einen Befehl ausspricht, dann wird er befolgt – oder es hat üble Konsequenzen für den Untergebenen.

Deshalb war für mich klar: Jesus muss nicht persönlich in meinem Haus auftauchen; es reicht, wenn er einen Befehl ausspricht. Er muss nur – ja, wem eigentlich? Den Engeln, den guten Geistern, seinem himmlischen Vater? Ich weiß es nicht – sagen, was er will, dann wird es passieren. Darum habe ich gesagt: »Sprich nur ein Wort!«

Aber für diejenigen unter euch, die von meinem Erlebnis noch nichts gehört haben, will ich meinen Bericht doch noch einmal von vorne anfangen: Ich war Soldat. Zenturio. In Kapernaum. Und ich hatte einen ausgezeichneten Knecht, der sich um alle meine Belange kümmerte.

Für einen Mann aus dem Militär und einen Vorgesetzten mag das ungewöhnlich klingen, aber mit diesem Knecht verband mich unerwarteterweise eine tiefe Freundschaft. Vielleicht, weil er ein hochintelligenter Mann war, dem es nur versagt blieb, einen hochrangigen Posten zu erhalten, weil er in der ärmlichen Hütte eines Töpfers geboren wurde.

Wie dem auch sei: Eines Tages wurde mein Knecht schwer krank und krümmte sich vor Schmerzen auf seinem Lager. Gleichzeitig hatte er Lähmungserscheinungen, die bis zur Atemnot führten. Ich litt schon beim Hinschauen mit. Der Arzt unserer Einheit schüttelte jedoch nur ratlos den Kopf und meinte, er könne nichts für ihn tun. Kennt ihr das: dass ihr leidet, weil jemand leidet, der euch etwas bedeutet? Dass ihr nichts für diesen geliebten Menschen tun könnt? Dass ihr euch ohnmächtig fühlt, hilflos und zutiefst erschüttert?

Also machte ich mich auf den Weg, um Jesus um Hilfe zu bitten. Diesen Jesus, von dem damals alle in der Region sprachen. Ich fand ihn auch, umgeben von seinen zahlreichen Anhängern, auf dem Marktplatz. Beim Essen. Sie saßen da und lachten. Eine fast idyllische Szene. Doch als ich Jesus vom Leid meines Knechtes erzählte, sagte er sofort: »Ich komme und heile ihn.«

Das wiederum verblüffte mich total. Als Soldat weiß ich, wie wichtig es ist, sich an Regeln zu halten. An Ordnungen. Und die Gesetze der Juden verbieten es ihnen nun mal, in das Haus eines in ihren Augen Ungläubigen zu gehen. Jesus durfte mein Anwesen gar nicht betreten.

Aber das schien ihn überhaupt nicht zu kümmern. Als wäre ihm das ach so heilige Gesetz seines Volkes in diesem Fall gleichgültig. »Ich komme und heile ihn.« Das sagte er, ohne einen Augenblick zu zögern.

Aber ich … nun, ich war damals ja noch gar kein Jesus-Nachfolger. Also erwiderte ich: »Ich bin es nicht wert, dass du unter meinem Dach einkehrst; aber sprich nur ein Wort, dann wird mein Diener gesund.« Ich wollte seine Traditionen und Bräuche achten – so wie ich die Ordnungen der Armee jederzeit eingehalten habe, damit dieser Riesenapparat funktioniert und nicht alles zusammenbricht.

Heute weiß ich: Ich habe damals vorschnell von mir auf andere geschlossen. Ich habe mein Denken, meine Erfahrungen, mein Wollen zum Maßstab aller Dinge gemacht. Manchmal frage ich mich: Ist vielleicht das wahrer Glaube: nicht mehr die eigenen Vorstellungen vom Leben anzusetzen, sondern Gottes Vorstellung vom Leben zu feiern? Seinen Blick auf diese Welt. Seinen Blick, in dem die Schmerzen eines Knechtes wichtiger sind als jedwede Bräuche.

Versteht ihr jetzt, warum ich mich so gewundert habe, als Jesus ausrief: »Einen solchen Glauben habe ich in Israel noch bei niemandem gefunden.«

Ja, ich habe ihm tatsächlich zugetraut, dass er aus der Ferne meinen Freund heilen kann. Durch sein Wort heilen kann. Seinen Befehl. Vor allem, weil das dem strukturierten Denken meiner Welt entsprach. Nun, vielleicht wollte Jesus den Umstehenden auch nur deutlich machen: »So kann sich das Vertrauen auf das Wort Gottes ausdrücken.« Aber das ist nur eine Vermutung.

Entscheidend ist: Als ich zurück in mein Haus kam, war mein Knecht gesund. Allein durch sein Wort. Und dieses Wort, das heilen kann, ließ mich nie wieder los. Hat mich nie wieder losgelassen. Bis heute.

ZUM WEITER-DENKEN

Zwei Kulturen treffen aufeinander: die Ordnung des römischen Militärs und die Liebe Gottes. Gesetz gegen Evangelium. Und darin zeigen sich wichtige Wesenszüge dessen, was Glauben ausmacht.

- Wo habe ich schon einmal erlebt, dass Traditionen und Regeln die Liebe behindert haben?
- Kenne ich das, dass ich letztlich mein eigenes Wollen und Denken auf Gott projiziere?
- Was würde sich ändern, wenn ich Gottes Vorstellungen zum Maßstab meines Lebens machen würde?
- Wenn jemand meinen Glauben loben würde … wofür würde er ihn wohl loben?

Bibelstelle: Matthäusevangelium 8,5-13

21. Die Frau am Jakobsbrunnen

DIE KRAFT DES LEBENDIGEN

Ich hab nur gedacht: *Was will der Fremde von mir?* Spricht mich am helllichten Tag am Brunnen an. »Gib mir was zu trinken!« *Spinnt der?*

Erst mal gehört es sich bei uns so was von gar nicht, eine unbekannte Frau anzusprechen. Außerdem war der Fremde ein Jude. Und die verachten uns Samariter ohnehin, weil wir ihrer Meinung nach nicht richtig an Gott glauben.

Außerdem hatte es natürlich seine Gründe, dass ich in der Mittagssonne zum Brunnen vor die Stadt gelaufen bin. Ich wollte nicht angesprochen werden. *Lasst mich doch alle in Ruhe!*

Also habe ich ihn nur fassungslos angestarrt: »Wie kannst du als Jude mich, eine Samariterin, um etwas zu trinken bitten?« Da fängt dieser Fremde auch noch an zu predigen: »Wenn du wüsstest, worin die Gabe Gottes besteht und wer es ist, der hier zu dir sagt: Gib mir was zu trinken, dann hättest du ihn gebeten und er hätte dir lebendiges Wasser gegeben.«

Ich hab' gedacht: *Was bildet der sich der Kerl da ein? Will mir die Welt erklären. Und ja, die Juden haben den berühmten Tempel in Jerusalem, aber wir Samariter, wir haben hier in Sychar den*

Brunnen unseres großen Vorfahren Jakob. Der Brunnen, vor dem du gerade um Wasser bittest. Also spiel dich hier mal nicht so auf.

Ich bin nicht auf den Mund gefallen – meine freche Klappe hat mir auch schon eine Menge Ärger eingebracht. Deshalb habe ich diesen Fremden ordentlich rundgemacht: »Herr, du hast kein Schöpfgefäß und der Brunnen ist tief; woher hast du also das lebendige Wasser? Bist du etwa größer als unser Vater Jakob, der uns den Brunnen gegeben und selbst daraus getrunken hat, wie seine Söhne und seine Herden?«

Lebendiges Wasser! Pah. Was soll denn das bitte schön sein? Gibt's auch totes Wasser?

Als hätte er meine Gedanken gelesen, breitete er die Arme aus und sagte betont freundlich: »Wer von diesem Wasser trinkt, wird wieder durstig; wer aber von dem Wasser trinkt, das ich ihm gebe, der wird nie mehr Durst haben; mehr noch: Das Wasser, das ich ihm gebe, wird in ihm zu einer Quelle werden, deren Ströme ins ewige Leben fließen.«

Damit hat er mich echt in Rage gebracht. Wasser, das den Durst ein für alle Mal stillt. Jetzt drehte der Fremde total ab. Und ich hatte ja schon gesagt, ich wollte an diesem Tag vor allem meine Ruhe haben. Der Mann hörte aber einfach nicht auf zu reden. Also habe ich ironisch und ein bisschen verächtlich gerufen: »Herr, gib mir dieses Wasser, damit ich nie mehr Durst habe und nicht mehr zu diesem Brunnen dackeln muss, um Wasser zu schöpfen!«

Ich meine, klar klang das verlockend – nie wieder in der glühenden Hitze zum Brunnen laufen zu müssen. Aber ich wusste ja, dass der Fremde gar kein Schöpfgefäß hatte. Der konnte mir überhaupt kein Wasser geben. Das war alles sinnloses Geplänkel. Keine Ahnung, was der mir verkaufen wollte.

Und dann ... dann kam die Wende. Denn bislang hatten wir ja irgendwie allgemein über Wasser und Brunnen und so gesprochen. Doch schlagartig wurde er persönlich: »Geh, ruf deinen Mann und komm wieder her!« Da bin ich zusammengezuckt. Warum will ich wohl hier in Sychar niemandem begegnen? Weil ich weiß, was sie über mich denken. Über die Frau, die in ihren Augen eine Hure ist, weil kein Mann bei ihr bleibt.

Ich habe den Blick gesenkt, als könnte ich mich im Staub vor dem Brunnen verstecken: »Ich habe keinen Mann!«

Er erwiderte: »Stimmt! Du hast fünf Männer gehabt – und der, den du jetzt hast, ist nicht dein Mann.«

Er wusste es. Er hatte es vermutlich die ganze Zeit gewusst. Aber woher? Ich fühlte mich vor lauter Angst auf einmal, als wäre ich zehn Zentimeter kleiner als vorher.

Er sprach weiter: »Alle, die Gott anbeten, müssen im Geist und in der Wahrheit anbeten, also mit echter Hingabe.« Das riss mich aus meinen Gedanken. Im Geist und in der Wahrheit? Hieß das, es war egal, ob man in Jerusalem im Tempel, am Brunnen Jakobs oder mitten in der Wüste betete? Wollte er mir das sagen? Dass es auf die innere Haltung ankommt und nicht auf den Ort?

Dabei bohrte sich ein Gedanken in meinen Kopf: Das alles konnte doch nur der wahre Menschensohn wissen, den uns die Propheten angekündigt hatten. Nur er. Sonst keiner. Zögernd sagte ich: »Ich weiß, dass der Messias, der Retter, kommt, der

Christus heißt. Und wenn er kommt, wird er uns sagen, wie wir Gott anbeten können.«

Da schloss er kurz die Augen: »Ich bin es, der mit dir spricht.«

Auf einmal verstand ich, was er mit dem lebendigen Wasser hatte sagen wollen. Das war wie ein Gleichnis. Es ging gar nicht um den Durst des Körpers, es ging ihm um den Durst der Seele. Diesen endlosen, verzehrenden Durst, den ich so gut kannte. Es ging um den Durst des Lebens. Das innere Ausgetrocknet-Sein. Die Gier nach Erfüllung.

Und natürlich: Der Messias konnte diesen Durst stillen. Wer, wenn nicht er? Er, der Gott kennt … und mich … Bevor Jesus etwas sagen konnte, rannte ich los. Lief in Richtung Ort, plötzlich ohne Scheu, klopfte an jedes Haus und rief hinein: »Kommt! Der Messias ist da. Er steht an unserem Brunnen.«

Und sie kamen. Wahrhaftig. Aus Neugier. Trotz ihrer Verachtung für mich. Und später als Erkennende: »Er ist es, der mit uns spricht.« Klingt komisch, aber in diesem Moment bin ich wahrhaftig selbst zur Quelle geworden.

ZUM WEITER-DENKEN

Eine echte Bekehrungsgeschichte: Eine Frau, die Angst vor den Menschen hat, rennt ins Dorf, um allen zu erzählen, was ihr widerfahren ist. Faszinierend und anregend zugleich.

- Was meint Jesus wohl mit seinen berühmt gewordenen Worten: »Ich habe lebendiges Wasser«?
- Und was bedeutet es, dass jemand, der dieses Wasser trinkt, selbst zu einer Quelle wird?

- Was macht es mit mir, wenn ich mir vorstelle, dass Jesus alles über mich weiß?
- Welchen Themen in meinem Leben weiche ich – wie die Frau am Jakobsbrunnen – eher aus?

Bibelstelle: Johannesevangelium 4,5-30

22. Der Gelähmte am Teich Bethesda

PERSPEKTIVWECHSEL

Stellt euch vor, ihr starrt zwölf Stunden am Tag aufs Wasser. Zwölf Stunden lang! Von morgens bis abends. Immer nur aufs Wasser. Wie gebannt. Wie gefesselt. Wie hypnotisiert. Gleich einer Schlange, die ihr Opfer fixiert. Nur war ich damals selbst das Opfer. Und das 38 Jahre lang. Unfassbar, oder?

Vielleicht kennt ihr ja die Teiche von Bethesda ... am Schafstor, im Norden von Jerusalem. Die Teiche, an denen ab und an ein Engel Gottes vorbeikommt und das Wasser aufrührt. Wer dann als Erster in die Wellen springt, der wird gesund, heißt es – egal, wie krank er ist.

Also habe ich in einer der fünf Säulenhallen gelegen, aufs Wasser gestarrt und 38 Jahre lang gehofft, ich wäre irgendwann mal der Erste, dem das Kräuseln der Oberfläche auffällt. Einmal der Erste, der hineinspringt. Einmal derjenige, der geheilt wird.

Ich war so ein Idiot. Wie groß ist die Wahrscheinlichkeit, dass ein Gelähmter der Erste ist, der ins Wasser kommt? Diese Chance liegt bei null. Sie existiert nicht. Sie existierte nur in meinem Kopf, aber nicht in der Wirklichkeit. 38 Jahre meines Lebens aufs falsche Pferd gesetzt. 38 Jahre meines Lebens das

Glück von etwas erwartet, das mich niemals glücklich machen würde. Aber ich fürchte, so sind wir Menschen. Wir versteifen uns so sehr auf eine hohle Hoffnung, dass diese trügerische Hoffnung schließlich schlimmer ist als die Krankheit selbst. Viel schlimmer sogar.

Irgendwann hatte ich mich so sehr an das Starren gewöhnt, dass ich gar nicht mehr anders konnte. Selbst wenn sie mich zur Latrine trugen, schaute ich weiter aufs Wasser. Und wenn sie mir das Essen brachten, wagte ich es auch nicht, meinen Blick vom Teich zu lösen.

So war es auch, als Jesus in meiner Halle auftauchte. Ich schaute an ihm vorbei aufs Wasser. Starr. Hochkonzentriert. Obwohl ich spürte, dass er mich anschaute. Ich konnte nicht zu ihm hinsehen, denn dann hätte ich ja womöglich das nächste Kräuseln verpasst.

»Willst du gesund werden?«

Was war denn das für eine sinnlose Frage? *Hallo… ich liege hier gelähmt und glotze den Teich an. Warum sollte ich das tun, wenn ich nicht gesund werden will?* Erst später habe ich begriffen, was das für eine absurde Situation war: Da stand der Sohn Gottes, das Sinnbild des Lebens, vor mir – und ich… ich schaute nicht ihn an, sondern dieses trügerische Gewässer. Aber vielleicht offenbarte genau das mein ganzes Dilemma: Ich hatte mich nach 38 Jahren so sehr auf den Teich fixiert, dass ich das wahre Leben aus den Augen verloren hatte.

Ich erinnere mich noch, dass ich etwas trotzig antwortete: »Ich habe keinen, der mich zum Wasser trägt, wenn es sich bewegt; und wenn ich doch mal hinkomme, war wieder jemand schneller.«

So, jetzt wusste er Bescheid. Ich fand ohnehin, er habe mich schon viel zu lange abgelenkt und meine Konzentration gestört. Vielleicht war ja just heute der Tag, an dem ich der sein würde, der irgendwie in diesen vermaledeiten Teich kam.

»Nimm deine Matte und geh!«

Was? *Nimm deine Matte und geh!* Was sollte das denn?

Da geschah es … womöglich zum ersten Mal seit vielen Jahren und Monaten schaute ich weg vom Wasser und hob meinen Blick nach oben, wo sein Körper von der fast neun Meter hohen Hallendecke eingerahmt wurde. Ich schaute weg von der falschen Hoffnung hin zur wahren Hoffnung. Und ich musste meinen Blick gewaltsam vom Wasser lösen.

»Nimm deine Matte und geh!« Stellt euch das vor: Als ich ihn ansah, wurde ich gesund. Oder geschah es, als ich meinen Blick endlich von den Wellen lösen konnte? Ich erinnere mich nicht mehr. Aber ich erkannte, dass ich geheilt war.

Ich nahm mein Bett und ging hinaus.

Nach 38 Jahren.

Und lief direkt einer Schar Gelehrter in die Arme, die mich fast gesteinigt hätten, weil ich am Heiligen Schabbat, an Gottes Ruhetag, mein Bett durch die Straßen trug. Zum Glück erkannte mich einer und sie ließen mich ziehen.

Später bin ich Jesus im Tempel noch einmal begegnet. Ich wollte dort Gott für meine Rettung danken – und dann sagte der Messias zu mir: »Sündige nicht mehr!« *Sündige nicht mehr?* Ein

Mann, der 38 Jahren lang nur aufs Wasser gestarrt hat? Oder war es genau das? War es meine Sünde, dass ich all die Jahre nicht auf Gott, sondern auf eine falsche Versprechung gebaut hatte, auf ein Hirngespinst? Eine Illusion, der ich Macht über mich verliehen hatte?

Ich weiß es nicht. Aber ich werde nie mehr so sehr auf etwas starren. Darauf könnt ihr wetten.

ZUM WEITER-DENKEN

Ein Perspektivenwechsel nach 38 Jahren: Der Gelähmte am Teich Betesda entdeckt, dass er das Glück seines Lebens von falschen Hoffnungen abhängig gemacht hat. Passiert jedem mal.

- Erinnere ich mich an »falsche Hoffnungen«, auf die ich in meinem Leben gesetzt habe?
- Oder fallen mir Situationen ein, in denen ich die Lösung meiner Probleme nicht von den richtigen Dingen abhängig gemacht habe?
- Wenn Jesus mich fragen würde »Willst du gesund werden?« – was würde ich ihm antworten?
- Von welcher »Fixierung« in meinem Leben würde ich mich gern nach all den Jahren lösen?

Bibelstelle: Johannesevangelium 5,1-18

25. Johannes, der Jünger

VOLL SATT!

Wahnsinn! Es war der pure Wahnsinn! Tausende von Menschen mit uns in der Wüste. Ja, Tausende. Ob ihr's glaubt oder nicht. Massen! Ein ganzes Tal voller Leute. Jung und alt. Arm und reich. Schwarz und weiß. Eine unübersehbare Menge.

Und trotzdem war es mucksmäuschenstill, während Jesus mal wieder vom Himmelreich schwärmte. Sie wollten alle hören, was es damit auf sich hatte. Das Himmelreich – eine Welt, in der die Liebe regiert. Sie wurden mitgerissen von seinen faszinierenden Träumen.

Bis der Abend kam und immer mehr Leute unruhig wurden. Vor allem die Kinder. Da habe ich mir Andreas geschnappt und bin in einer Pause zu Jesus gegangen. »Jesus, die Leute haben Hunger. Schick sie in die Dörfer, damit sie sich was zu essen kaufen.«

Das lag doch nah: zu den Bauern gehen und sich was holen. Das Problem war nur: Jesus schüttelte den Kopf. Schaute Andreas und mich an und sagte dann: »Gebt ihr ihnen zu was essen!«

Hä? Was? Wieso denn wir? Das Bisschen, das wir bei uns trugen, würde definitiv nicht reichen, um so viele hungrige Mäuler zu stopfen. »Gebt ihr ihnen zu essen.« Was denn, bitte schön?

Andreas zog mich zur Seite und raunte mir zu: »Wir müssen uns was einfallen lassen.«

»Was sollen wir uns denn einfallen lassen? Wir sind hier mitten in der Wüste.«

»Er hat es gesagt!«

»›Er hat es gesagt!‹ Ja und? Deswegen kann ich trotzdem keinen Markt herzaubern, auf dem es was zu essen gäbe. Wie stellt er sich das denn vor?«

Den nächsten Satz von Andreas werde ich nie vergessen: »Wenn Jesus sagt, dass wir ihnen was zu essen geben sollen, dann heißt das vor allem: Er traut es uns zu. Dir und mir. Er würde uns nie einen Auftrag geben, den wir nicht erfüllen können.«

»Na, dein Wort in Gottes Ohr.«

Und so überlegten wir und überlegten. Das Problem war: Uns fiel auch nach längerem Grübeln partout nicht ein, wie wir diese riesigen Horden satt bekommen könnten. Also kehrten wir deprimiert zu Jesus zurück: »Herr, wir haben höchstens 200 Silbergroschen.«

Jetzt musste er doch einsehen, dass wir mit unseren Mitteln keine Chance hatten, den Hunger all dieser Menschen zu stillen. Das Geld würde ja kaum reichen, um uns selbst satt zu bekommen.

Wenn ihr wüsstet, wie unangenehm es mir ist, euch davon zu erzählen. Ich meine, ich war der Lieblingsjünger von Jesus. Ich, Johannes. Ich fühlte mich ihm besonders nah. Und dennoch zweifelte ich in dieser Situation an ihm. Warum gab er uns solch einen absurden Auftrag?

Jesus sagte: »Schaut doch mal, was ihr so zusammenbekommt.« Also gingen wir los ... und tatsächlich, da gab es jemandem, der hatte fünf Brote und zwei Fische dabei. Jämmerlich. Viel zu wenig für so viele Menschen. Nicht mal genug für den hohlen Zahn.

Doch Jesus nahm diese bescheidenen Sachen in seine Hände und sah zum Himmel. Er lenkte den Blick weg von dem vermeintlich wenigen, was er in den Händen hielt, hin zum Herrn der Welt, der alles geschaffen hatte. Er sah nicht auf das Vorhandene, sondern auf das Mögliche. So wie er später mehrfach betonte: »Alles ist möglich dem, der glaubt.«

Bevor er die Nahrung dann weitergab, teilte er die Menschen in Gruppen ein, Gemeinschaften, in denen sie ihr Miteinander bewusster erleben konnten. Anschließend dankte er Gott noch einmal, brach das Brot und gab es uns, seinen Jüngern.

Habt ihr das gehört? Er dankte Gott, brach das Brot und gab es seinen Jüngern.

Es ist später viel über das heilige Abendmahl in Jerusalem geredet worden. Aber für mich wird dieses Mahl in der Wüste für immer das wahre erste Abendmahl bleiben. Das Mahl, bei dem Gott dafür sorgte, dass alle satt wurden – weil Jesus in unserer Mitte war. Und so war es: »Sie aßen alle und wurden alle satt.«

Möglicherweise interpretiere ich da zu viel hinein, aber ich bin überzeugt: Jesus wollte uns, seinen Jüngern, mit dem, was an diesem Tag in der Wüste passierte, was deutlich machen. Nämlich, dass wir die Welt verändern können, wenn wir Gott das wenige, das wir haben, hinhalten. Wenn wir nicht auf das vermeintlich Geringe schauen, das wir mitbringen, sondern glauben können, dass Gott selbst mit diesem Geringen Tausende von Menschen satt machen kann.

Am Ende dieser spektakulären Aktion waren nicht nur alle satt … es blieben sogar noch zwölf Körbe voller Brot und Fisch übrig. Begreift ihr: Es blieb mehr übrig, als wir am Anfang hatten. Für jeden von uns zwölf Jüngern ein ganzer Korb. Für jeden Jünger, der befürchtet hatte, er müsse hungrig ins Bett gehen, ein Übermaß an Essen.

Wir waren so kleingläubig gewesen. Wir hatten ernsthaft Angst gehabt, es würde für uns nicht reichen. Und jetzt verstanden wir: Wer das Wenige, das er hat, teilt, der wird überreich beschenkt … und auf jeden Fall selbst satt.

ZUM WEITER-DENKEN

Die Jünger erhalten eine einzigartige Lektion: Wer das Wenige, das er hat, Gott hinhält, kann ein Wunder erleben. Viele werden satt.

- Halte ich es für möglich, dass Gott mit dem Wenigen, das ich habe, die Welt verändern kann?
- Kenne ich diesen Impuls: »Womöglich reicht das, was da ist, nicht einmal für mich selbst«?
- Was stillt den Lebenshunger eines Menschen nachhaltig und existenziell?
- Wenn Jesus mich beauftragen würde, etwas Gutes zu tun, wozu würde er mich wohl auffordern?

Bibelstelle: Matthäusevangelium 14,13-19

24. Jakobus

VON DER KRAFT DER GLEICHNISSE

Danke, dass ihr mich eingeladen habt, um von dem zu berichten, was ich mit Jesus erlebt habe. Wahrhaftig, ich sage euch: Das war unfassbar bewegend. Ohne ihn stünde ich heute nicht vor euch: ich, Jakobus, der Sohn des Zebedäus, den Jesus selbst einen Donnersohn nannte. Wegen meines ungestümen Temperaments.

Doch eines möchte ich vorab klarstellen: Jedes Mal, wenn ich von meinen Erlebnissen mit dem Heiland erzähle, bestürmen mich Zuhörerinnen und Zuhörer anschließend mit den gleichen Fragen: »Ist das alles wahr?« »Ist das wirklich so geschehen?« Meist wollen sie es sogar noch genauer wissen: »Ist Jesus tatsächlich über das Wasser gelaufen?« »Hat er ernsthaft Kranke vom Aussatz geheilt?« »Konnte er Wasser in Wein verwandeln?« Am häufigsten aber: »Habt ihr ihn wirklich gesehen, nachdem er wiederauferstanden sein soll?«

Ich sage euch, so wahr ich hier stehe: Das ist alles wahr. Ich habe es leibhaftig miterlebt. Und doch irritieren mich diese Fragen. Ist denn die Botschaft von der Liebe Gottes nur wahr, wenn sie durch Wunder bestätigt wird? Oder ist sie zeitlos gültig, ganz gleich, ob ein Wunder geschieht oder nicht? Muss Gott erst die Welt auf den Kopf stellen, damit wir ihm glauben?

Ja, ist euch bewusst, dass Jesus selbst gar nicht gern von »Wundern« sprach und sich weigerte, seine himmlische Autorität durch spektakuläre Heldentaten zu belegen? Er selbst bezeichnete das, was ihr Wunder nennt, am liebsten als »Zeichen«.

Und was machen Zeichen? Sie weisen auf etwas hin! Nicht sie selbst sind bedeutend, sondern das, auf das sie verweisen. Der Wegweiser zum Arzt ist dazu da, den Arzt zu finden. Wer nur fasziniert den Wegweiser anglotzt, bleibt krank. So wollte Jesus mit seinen Wundern zeigen, was es mit Gottes Güte auf sich hat und wie wir ihn finden können.

Um ehrlich zu sein, ich kann diese ewig gleichen Fragen nicht mehr hören: »Ist das alles wahr?« »IST DAS ALLES WAHR?« Was heißt denn überhaupt »wahr«? Ihr wisst sicherlich, dass Jesus in fast jeder Predigt ein Gleichnis erzählt hat. Zum Beispiel das Gleichnis vom verlorenen Sohn.

Der Sohn eines reichen Mannes verlangt, dass ihm sein Erbe vorab ausgezahlt wird. Eine Demütigung für die Familie, die damit von ihm juristisch für tot erklärt wird. Der Vater aber kommt dem kruden Wunsch seines Sohnes nach und gibt ihm das Geld. Der wiederum geht ins Ausland, verprasst alles und gerät zudem in eine üble Hungersnot. Am Ende bleibt ihm nichts anderes übrig, als bei einem Schweinezüchter als Knecht zu arbeiten.

In der höchsten Not besinnt sich der Sohn und beschließt, zu seinem Vater zurückzukehren. Nicht, um wieder zur Familie dazuzugehören, sondern weil er weiß, dass selbst der niederste Angestellte dort genug zu essen bekommt. Reumütig macht er sich auf den Heimweg, um vor der Sippe sein Versagen einzugestehen.

Doch dann geschieht das Wunder: Der Vater sieht den Sohn von Weitem kommen und rennt ihm entgegen. Ja, ihr lacht, weil ein Patriarch niemals rennt, sondern immer schreitet. Bei diesem Vater ist es anders: Er rennt, ja, er springt seinem Sohn entgegen, nimmt ihn voller Freude in die Arme und lässt ihm als Erstes wieder den Siegelring des Hauses anstecken – mit dem er vor aller Welt erneut zu einem vollwertigen Mitglied der Familie wird. Und er lässt ein großes Freudenfest ausrichten, weil der junge Mann, der verloren schien, wiedergefunden wurde.

Ja, ich weiß, dass viele von euch diese Geschichte anrührt. Weil sie uns etwas über das Wesen Gottes verrät. Gott ist wie ein solcher Vater ... er nimmt uns immer wieder liebevoll auf, ganz gleich, ob und wie wir vom Weg abgekommen sind.

Doch nun möchte ich EUCH mal etwas fragen: Ist diese Geschichte wahr? Und die Antwort lautet zweifelsfrei: NEIN! Sie ist nicht wahr! Jesus hat sich die Geschichte ausgedacht. SIE IST NICHT WAHR.

Zumindest nicht so, wie die griechischen Philosophen Wahrheit definieren. So meint etwa Aristoteles, um Wahrheit gehe es, wenn ein Satz durch Tatsachen gedeckt sei. Wenn der Satz so ist, »wie die Dinge sich verhalten«.

Und doch ... und doch gibt es wohl kaum eine Botschaft aus dem Mund Jesu, die so vielen Menschen etwas über das wahre Wesen Gottes vor Augen geführt hat wie diese Geschichte. Diese Geschichte ist wahr, weil sie eine Wahrheit des Lebens deutlich macht. Und das kann sie, ohne dass wir irgendeinen Satz darin belegen müssten.

Wenn ich die Wahl hätte: Folge ich nur den Wahrheiten, die irdischen Tatsachen entsprechen – oder folge ich den Wahrheiten, die mich durchs Leben tragen ... ich wüsste, wofür ich mich entscheide. Verzeiht, nun bin ich müde. Meine Geschichte erzähle ich das nächste Mal. Aber wenn ich euch dann von dem berichte, was mir mit Jesus widerfahren ist, so fragt nicht: »Ist das wahr?«, sondern fragt: »Hilft es mir zu leben?«

ZUM WEITER-DENKEN

»Ohne Gleichnisse lehrte er sie nichts«, heißt es über Jesus. Und alle seine Geschichten tragen eine existenzielle Wahrheit in sich, die uns einlädt, uns damit persönlich auseinanderzusetzen.

- Was bedeutet für mich persönlich die theologische Aussage »Das, was Jesus sagt, ist wahr«?
- Wie würde ich den Unterschied zwischen faktischer und existenzieller Wahrheit beschreiben?
- Jesus sagt im Gleichnis vom verlorenen Sohn gar nicht, dass der Vater für Gott steht. Warum haben das trotzdem alle so gehört?
- Gibt es eine nicht biblische Geschichte, die für mich etwas über Gott und das Wesen seiner Liebe deutlich macht?

Bibelstelle: Lukasevangelium 15,11-32

25. Lazarus

HELLO AGAIN

Ob ich Angst vor dem Tod habe? Nein! Warum sollte ich? Ich war ja schon mal tot. Und bin wieder lebendig geworden. Lebendig gemacht worden. Ich habe vor dem Tod keine Angst mehr. Nicht die Spur von Angst.

Ich habe auch sonst keine Angst mehr. Wovor sollte ich mich fürchten? Kluge Menschen behaupten ja, die Angst vor dem Tod sei die Mutter aller Ängste. Ich halte das für möglich. Weil ich keine Angst mehr vor dem Tod habe, schreckt mich auch der Rest nicht mehr. Ein beglückender Zustand.

Es ist denkbar, dass dies die letzte Reise ist, auf der ich meine Geschichte erzählen kann. Ich bin nun schon recht betagt – und das Amt des Bischofs von Larnaka auf Zypern kostet viel Kraft. Aber ich spüre, ihr werdet ungeduldig und wollt, dass ich endlich anfange zu erzählen – die geheimnisvolle Geschichte des Mannes, der von den Toten auferstand. So wie unser Jesus Christus aus dem Grab auferstand. Und das sogar noch vor ihm.

Um ehrlich zu sein, das klingt einfacher, als es ist, denn ich war ja sozusagen nicht dabei. Ich lag, als das Wunder passierte, in einer Grabhöhle … und war tot.

Dennoch: Mir haben so viele Anwesende nachher erzählt, was in jenen Tagen vor sich gegangen ist, dass ich wohl doch ein passabler Berichterstatter bin. Wohlan.

Maria und Marta, meine Schwestern, hatten einen Boten zu Jesus geschickt, um ihm mitzuteilen, dass ich schwer krank war. Er blieb aber erst mal auf der anderen Seite des Sees, weil er wusste, dass die Obrigkeiten in Bethanien ihn womöglich festnehmen würden. Es hatte dort viele hässliche Zwischenfälle gegeben.

Dann aber entschied er sich doch, zu uns zu reisen. Dorthin, wo schon die Totenklage gesungen wurde, wo das Haus voller Trauer und voller Trauergäste war und wo man mich längst bestattet hatte.

Marta lief Jesus entgegen und schleuderte ihm sofort den Satz entgegen: »Wärst du hier gewesen, Jesus, dann wäre unser Bruder nicht gestorben.« Um anzufügen: »Aber ich weiß, dass Gott dir auch jetzt keine Bitte abschlägt.«

Eine harsche Anrede. Vorwurf und Forderung ineinander. Und doch ohne rechten Glauben. Denn als Jesus ihr sagte: »Dein Bruder wird wieder lebendig werden«, da entgegnete sie: »Ja, schon klar, er wird auferstehen, wenn alle Toten lebendig werden, am Jüngsten Tag.«

Kurz darauf erreichte Jesus unser Haus. Maria reichte ihm einen Becher Wasser und wollten ihn hereinbitten, doch er fragte ohne Umschweife: »Wo habt ihr ihn bestattet?« Woraufhin meine Schwester verwundert sagte: »Aber, Herr, er stinkt schon! Er liegt schon seit vier Tagen im Grab!« Jesus ließ nicht locker und verlangte, dass sie ihn sofort zum Grab führten.

Dort forderte er, dass einige kräftige Männer, die mit ihm gegangen waren, den Stein vor der Grabhöhle entfernten. Als sie es taten, strömte sofort der widerlich süßliche Geruch des Todes hervor, der höllische Hauch der Verwesung. So sehr, dass zwei der Anwesenden sich übergeben mussten.

Wir alle kennen Legenden, nach denen Frauen und Männer, die für kurze Zeit tot waren, wiederbelebt werden konnten – aber mein Körper fing schon an, sich zu zersetzen. Und immer noch stand der Vorwurf im Raum, mein Tod wäre vermeidbar gewesen, wenn Jesus sich nur früh genug auf den Weg zu uns gemacht hätte.

Möglicherweise war das auch der Grund, warum er diesmal das Wunder lauthals ankündigte: »Vater, ich weiß, dass du mich immer erhörst. Aber wegen der Menschen, die hier stehen, bitte ich dich laut. Damit sie glauben, dass du mich zu ihnen geschickt hast.« Jede und jeder sollte mitbekommen, dass es für Gott kein »Zu spät« gibt. Niemals!

Und dann... ja, dann stellte sich Jesus direkt vor die Grabhöhle und rief mit volltönender Stimme: »Lazarus, komm heraus!«

Und... ich kam heraus. Mehr noch: Kaum hatte Jesus diese drei Worte gesprochen, verschwand der Gestank. Als wäre ein Frühlingswind durch das Tal gefahren und hätte alles Tote mit sich genommen. So zumindest wurde es mir berichtet.

Und wenn nun alles in euch danach giert zu erfahren, wie es sich anfühlt, tot zu sein und wieder zum Leben erweckt zu werden, dann muss ich euch enttäuschen. Für mich war es, als wäre ich eingeschlafen und wieder aufgewacht. Nicht mehr... aber auch nicht weniger. Einschlafen... aufwachen... wieder da sein. Weiterleben.

Ich möchte euch einen Gedanken mitgeben, der mir seit- dem keine Ruhe lässt: Könnte es sein, dass Jesus dieses Wunder bewusst so zelebriert hat? Denn er hatte schon vorher erwähnt: »Die Krankheit von Lazarus dient dazu, die Herrlichkeit Gottes offenbar zu machen. Durch sie wird der Sohn Gottes zu seiner Herrlichkeit gelangen.«

Was meinte er bloß damit? Nun: Er wusste, dass er bald nach Jerusalem gehen und dort sterben würde. An meinem Grab aber versicherte er sich noch einmal, dass Gott tatsächlich der Herr über Leben und Tod ist. Und so, wie Gott mich durch seinen Sohn auferwecken konnte, würde er auch Jesus auferwecken. Der von sich sagt: »Ich bin die Auferstehung und das Leben. Wer an mich glaubt, der wird leben, auch wenn er stirbt.«

ZUM WEITER-DENKEN

Gott ist stärker als der Tod. Das zeigt die Geschichte von Lazarus schon vor der Auferstehung Jesu – und lädt uns ein, unsere Vorstellungen vom Tod immer neu zu überprüfen.

- Kann ich das auch denken: dass jemand, der keine Angst vor dem Tod hat, auch sonst viel weniger von der Angst bestimmt wird?
- Was glaube ich, was nach dem Tod auf den Menschen beziehungsweise seine Seele zukommt?
- Wenn ich einen Wunsch hätte, was im Jenseits auf mich warten soll, was wäre das?
- Wie würde ich einen Menschen trösten, der mir sagt, dass er Angst vor dem Tod hat?

Bibelstelle: Johannesevangelium 11,1-44

26. Marta

Das Ganze ist jetzt schon lange Jahre her ... und ich könnte mich immer noch aufregen. Stellt euch bitte folgende Situation vor: Jesus war in unserem Haus zu Gast. Das war er ja regelmäßig. Ich glaube, er hat sich bei uns wohlgefühlt. Ja, ich kann mit Fug und Recht sagen: Wir waren Freunde. Jesus, mein Bruder Lazarus, meine Schwester Maria und ich, Marta.

Selbst als er im Lauf der Zeit bei seinen Besuchen immer mehr von seinen kuriosen Jüngern mitgebracht hat, wusste er: Bei uns ist er willkommen. Und das war er auch! Ich weiß noch: Einmal haben sie mit zwölf Personen bei uns übernachtet.

Aber das wollte ich gar nicht erzählen. Mir geht es um diesen einen speziellen Tag, an dem Jesus kurzfristig angekündet hatte, dass er und seine Freunde vorbeischauen würden. Zu siebt. Also musste ich unsere Magd auf den Markt zum Einkaufen schicken, süßen Wein organisieren, eine Mehlspeise für den Nachtisch vorbereiten und natürlich das Haus noch mal schnell putzen.

Ich nehme an, den meisten unter euch ist vertraut, dass die tüchtige Hausfrau in unserer Heiligen Schrift, der Thora, ausdrücklich gelobt wird. Abgesehen davon gehört es sich nun mal, dass man eine gute Gastgeberin ist, wenn Besuch kommt. Jesus sollte sich schließlich wohlfühlen. So war ich noch am Rumwerkeln, als die Gruppe eintraf.

Es standen noch keine Becher bereit, die Sitzkissen waren nicht ausgeschüttelt, und das Wasser zum Waschen der Füße unserer Gäste fehlte auch noch. Also bin ich von hier nach da gesprungen, hab gemacht und getan ... und hatte richtig viel zu tun.

Ich ging natürlich davon aus, dass meine Schwester Maria sich um die Getränke kümmern würde. Dann kam ich ins Haus, und was sah ich: Niemand hatte etwas zu trinken, niemand! Und Maria hockte lächelnd zu Jesu Füßen und kümmerte sich um ... genau ... um nichts.

Das war mir so peinlich. Es ist doch Sitte, dass man einem durstigen Gast, der eine weite Wegstrecke hinter sich hat, zu Beginn einen Trank reicht. Das nicht zu tun, gleicht einer Beleidigung. Wollte Maria Jesus beleidigen? Sicher nicht. Aber sie saß einfach nur da und hörte ihm zu.

Ich habe ihr von der Tür aus Zeichen gemacht: »Komm, pack mit an. Ich brauch jetzt deine Unterstützung. Hilf mir gefälligst mal.« Und was macht sie? Zieht die Augenbrauen zusammen, schüttelt leicht den Kopf und bleibt hocken. Ich war so perplex, dass ich erst mit etwas Verzögerung wütend wurde.

Als ich dann den Männern die Becher gereicht habe, habe ich Maria mit dem Ellenbogen angestoßen und mit dem Kopf ziemlich energisch Richtung Küche gedeutet. Das konnte sie nicht missverstehen. Aber offensichtlich war es ihr völlig egal, dass ich alles allein machen musste und sie ihre Pflichten vernachlässigte.

Und dann ... dann ist mir der Geduldsfaden gerissen.

Ich habe die Hände in die Hüften gestemmt und zu Jesus gesagt: »Herr, fragst du nicht danach, dass mich meine Schwester hier allein schuften lässt? Sag ihr doch bitte, dass sie mir helfen soll.«

Auf einmal war es mucksmäuschenstill im Raum. Alle Augen richteten sich auf mich. Vermutlich, weil ich sehr laut gesprochen hatte. Oder weil ich dastand wie eine Furie – mit hochrotem Gesicht. Da habe ich noch mal wiederholt, diesmal sehr, sehr deutlich: »Sag... ihr... bitte... dass... sie... mir... helfen... soll!« Und ich dachte: *So, jetzt wird er ihr ordentlich die Leviten lesen. Schluss mit der Schluderei. Bei den Männern hocken und sich aufspielen. Nee, nee, nee.*

Und was passierte? Jesus lächelt mich an: »Marta, Marta, du sorgst und kümmerst dich um alles. Aber das ist gerade nicht das Wesentliche. Maria hat sich richtig entschieden; das soll ihr keiner wegnehmen.«

Hä!? Was sollte das denn jetzt? Um ehrlich zu sein, habe ich es nicht verstanden – und ich verstehe es bis heute nicht. Anscheinend hat Jesus das Verhalten meiner Schwester nicht nur gebilligt, sondern auch noch vor allen Anwesenden betont, dass sie gut gewählt hat. Was? Natürlich ist es angenehmer, sich bedienen zu lassen, als andere bedienen zu müssen. Aber es ist falsch!

Und ich erinnere mich sehr genau daran, dass Jesus selbst mal gepredigt hatte: »Wer unter euch groß sein will, der diene.« Genau das habe ich doch gemacht. Während meine Schwester nur faul zugehört hat.

Im Lauf der Jahre haben viele Leute versucht, mir die Reaktion von Jesus zu erläutern. Hat aber nichts gebracht. Ja, ich kenne die Argumente: Wenn Jesus da ist, dann gibt es nichts Wichtigeres... Die Alltagspflichten dürfen uns nicht vom Evangelium ablenken... oder: Das Leben einer guten Christin sollte immer vom Hören und vom Handeln bestimmt sein.

Mag ja alles sein. Aber wenn mein faules, egoistisches Schwesterlein mit angepackt hätte, dann hätten wir später beide die Möglichkeit gehabt, zu Jesu Füßen zu sitzen und uns über seine geistreichen Geschichten zu freuen. Also: Ich habe keine Ahnung, was da abgelaufen ist.

ZUM WEITER-DENKEN

Eine eigenartige Geschichte. Und die Wut von Marta ist nachvollziehbar. Seither versuchen Theologinnen und Theologen herauszufinden, wie das mit dem Verhältnis von Aktion und Kontemplation aussieht.

- Was passiert, wenn zwei Personen ein späteres Gespräch von Maria und Marta über die Situation nachspielen?
- Was ist wichtiger im Leben eines Glaubenden: auf Jesus zu hören oder ihm zu dienen?
- Was bedeutet mir persönlich mehr: etwas im Glauben zu lernen oder für andere da zu sein?
- Schon die Mönche hatten das Motto »Ora et labora« – beten und arbeiten. Wie könnte ein gutes Gleichgewicht aussehen?

Bibelstelle: Lukasevangelium 10,38-42

27. Die Frau
mit dem Salböl

WIE JESUS ZUM MESSIAS WURDE

Messias – das heißt übersetzt »der Gesalbte«. Genau wie Christus, das heißt auch »der Gesalbte«. Man könnte also sagen: Ein Messias ist ein besonderer Mensch, der für ein besonderes Amt durch eine Salbung offiziell eingesetzt wird.

Für uns Israeliten steht schon seit Jahrhunderten die Prophezeiung im Raum, dass Gott uns so einen … nein, nicht einen, sondern *den* Messias schicken wird, den heiligen Boten Gottes, eben den Gesalbten. Einen Retter, der unser Volk erlösen und von allem befreien wird, was unser Gemüt kleinhält.

Und vom ersten Tag an, an dem Jesus öffentlich aufgetreten ist, haben die Menschen in den Straßen und Schenken vor allem über eines geredet: »Ist dieser Wanderprediger aus Nazareth womöglich der verheißene Messias? Oder ist er es nicht? Ist er der Gesalbte?«

Ja, bis heute unterscheidet die Gemeinschaften der Juden und der Christen – obwohl sie den gleichen Gott anbeten – zuallererst diese eine Sache: Christen glauben, dass Jesus der verheißene Messias ist, Juden glauben es nicht.

Wenn es aber stimmt, dass Jesus der Messias, der Gesalbte ist, dann sollten wir uns doch mal Gedanken machen: Wer hat ihn eigentlich gesalbt? Ja, ein Gesalbter ist schließlich erst dann ein Gesalbter, wenn ihn jemand gesalbt hat. Logisch, oder?

Ich war's. Ja, ICH WAR'S! Ich erzähle euch das nicht, um mich zu brüsten, sondern weil ich selbst erst im Nachhinein verstanden habe, dass Gott meine spontane Aktion genutzt hat, um alles so zu gestalten, wie es sein sollte.

Jetzt sehe ich natürlich bei einigen von euch Zweifel aufkommen. Muss ein Messias nicht von einem geistlichen Würdenträger, einem Vertreter Gottes auf Erden, gesalbt werden? Was bringt es, wenn eine einfache Frau aus dem Volk sich anmaßt, so einen heiligen Akt vollbracht zu haben?

Aber wenn ihr so etwas denkt, dann lasst euch sagen: Ihr irrt euch! Wenn ich die Botschaft von Jesus richtig verstanden habe, dann hat er eines aus ganzem Herzen verkündet: Wir alle sind Vertreter Gottes auf Erden. Du und ich. Männer und Frauen. Und erst wenn wir erkennen, dass jedem Menschen diese einzigartige geistliche Würde geschenkt ist, kann Gottes Liebe in uns erblühen.

Ja, der Messias wurde nicht von einem hochrangigen Geistlichen, sondern von MIR gesalbt – aber das ist mindestens so gültig, als wenn es der Hohepriester persönlich getan hätte. Und – das ist ebenso wichtig – Jesus wurde nicht nur mit Salböl gesalbt. Das wäre ja das Erwartbare gewesen. Obwohl: Er wurde natürlich auch mit Salböl gesalbt, mit einem äußerst kostbaren Nardenöl sogar – aus Pflanzen, die nur in Indien und China in großen Höhen, nahe am Himmel, wachsen. Ich hatte dieses Nardenöl mitgebracht, ein Fläschchen voll, im Gegenwert des Jahreslohns eines Arbeiters.

Genau das war der Grund, warum sich einige der Anwesenden tierisch aufregten: »Warum vergeudest du dieses Salböl?«? Ja, ich hatte die gesamte Flasche über das Haupt und die Füße von Jesus ausgegossen. Im Überschwang. Weil ich dachte: *Für ihn ist nur das Beste gut genug. Er soll spüren, wie kostbar er für mich ist.*

Doch im Raum waren sich die meisten einig: »Man hätte dieses teure Öl für mehr als dreihundert Silbergroschen verkaufen und das Geld den Armen geben können.« Ja, das stimmt. Das hätte man. Aber genau in diesem Augenblick, in dem die aufgebrachten Männer mich so anfuhren, bekam mein vorher eher unbedachtes Verhalten seinen Sinn – und es durchfuhr mich: »*Natürlich! Ein Messias muss gesalbt werden.*«

Zum Glück stellte sich Jesus auf meine Seite und sagte laut: »Lasst sie in Frieden! Was soll das denn? Sie hat ein gutes Werk an mir getan. Ihr habt ständig Arme bei euch – und wenn ihr wollt, könnt ihr denen viel Gutes tun; mich aber habt ihr nicht dauernd bei euch.«

Da war erst einmal Stille im Raum. Und ich? Ich habe das Nardenöl auf seiner Haut verstrichen, habe es sanft einmassiert, dass es in seine Poren eindringt, ihn durchdringt. Und ich war so erleichtert, dass Jesus mich nicht für mein Verhalten verurteilt, sondern mich sogar gelobt hat, dass ich anfing zu weinen. So heftig, so ungehemmt, dass meine Tränen ebenfalls auf seine Haut fielen.

Heute bin ich überzeugt: An diesem Tag wurde Jesus nicht nur mit dem Nardenöl, sondern auch mit meinen Tränen gesalbt. Mit dem Kostbarsten des Himmels ... und der Erde.

So, wie er ganz Gott und ganz Mensch war, bestand auch seine Salbung aus zwei Teilen, der Salbung des Hauptes und der Salbung der Füße ... aus der Salbung durch ein kostbares Öl und der Salbung durch meine Tränen; meine Tränen, in denen alles von mir auf ihn überfloss, was ein Mensch einem anderen Menschen geben kann: Hingabe, Vertrauen, Glaube, Hoffnung, Liebe.

Seit diesem Tag trägt Jesus seinen Namen zu Recht. Seit diesem Tag ist er der Messias, der Christus, der Gesalbte. Wie gesagt: Ich erzähle das nicht, weil ich denke, dass ich etwas Besonderes wäre, sondern weil ich denke, dass wir alle etwas Besonderes sind. Jede und jeder von uns hätte diese Salbung vollbringen können. Weil Gott in uns gegenwärtig ist. Bitte vergesst das nie!

ZUM WEITER-DENKEN

Wann ist ein Gesalbter ein Gesalbter? Die Geschichte von der Salbung von Jesus wird seit Langem als eine besondere Form der Bevollmächtigung gesehen. Wie sehen wir das?

- Kann ich glauben, dass vor Gott wirklich alle Menschen die gleiche Würde haben? Und was bedeutet das für mich?
- Warum ist es eine besondere Salbung, wenn jemand mit den Tränen eines anderen gesalbt wird?
- Mal ganz ehrlich: Hätte die Frau nicht doch lieber den Wert des Salböls für die Armen einsetzen sollen?
- Was hält uns eigentlich davon ab, einander zu salben? Schließlich sind wir alle berufen, die Liebe Gottes in die Welt zu bringen.

Bibelstelle: Lukasevangelium 7,36–50

28. Nikodemus

IN EINEM ANDEREN LICHT

»Wenn ein Mensch nicht neu geboren wird, dann kann er das Reich Gottes nicht sehen.« Diese Worte hat mir Jesus entgegengeschleudert, als ich ihn nachts aufgesucht habe. Mitten in der Nacht? Ja, unter uns Geistlichen gilt schließlich die alte Regel: »Die Nacht ist die beste Zeit, um sich mit dem Himmel auseinanderzusetzen.«

Natürlich war ich dankbar, dass ich Jesus im Schutz der Dunkelheit aufsuchen konnte. Ich meine: Dass ich als geistlicher Anführer der Juden mit Sitz im Hohen Rat, als geachteter Gelehrter, einen höchst umstrittenen Wunderheiler und Wanderprediger aufsuchte, musste ja nicht überall rumposaunt werden.

Und dann saß ich ihm gegenüber … im Schein einer trüben Öllampe. Und er war völlig anders, als ich ihn mir vorgestellt hatte. Kein Gelehrter mit philosophischen Argumenten, kein Aufrührer mit feurigem Revoluzzer-Blick, kein Seelenverführer, der einem tief in die Augen schaut und so tut, als wüsste er längst, wer man sei.

Er war einfach: ein Mensch. Aber zugleich … wie soll ich das sagen … ein Mensch in Vollendung. Mehr Mensch als alle Menschen, die ich je kennengelernt hatte. Denn mir scheint, die meisten Menschen, die ich kenne, hadern mit ihrem Mensch-Sein ab und an; stellen ihre Existenz regelmäßig infrage: »Bin ich der, der ich bin?« oder »Bin ich der, der ich sein könnte?« Jesus – so schien mir – war mit sich durch und durch im Reinen. Vielleicht ist es das, was ich mit »ein Mensch in Vollendung« ausdrücken möchte.

Nachdem ich mich vorgestellt hatte – »Nikodemus heiße ich. Ein Mitglied des Hohen Rates« –, sagte ich ihm, wie ich es mir vorher überlegt hatte: »Wir wissen, dass du von Gott kommst – ein großer Lehrer. Niemand könnte Wunder tun, wie du sie tust, wenn Gott nicht bei ihm wäre.« Und damit hatte ich mich ordentlich aus dem Fenster gelehnt. Ich hatte seine göttliche Bestimmung quasi offiziell bestätigt – und das im Namen des Hohen Rates: »Wir wissen ...«.

Jesus nickte kurz, ging aber auf die Frage seiner Legitimation gar nicht ein, sondern eröffnete seinerseits unsere Diskussion mit diesem geheimnisvollen Satz: »Wenn ein Mensch nicht neu geboren wird, dann kann er das Reich Gottes nicht sehen.«

Von Neuem geboren werden? Ich verstand gar nichts. Und dabei bin ich ein Mensch, der selbst seit Jahrzehnten Schüler unterrichtet. Ich kenne die Heiligen Schriften in- und auswendig. Ich weiß, wie man intellektuell argumentiert. Aber diese Worte konnte ich nicht fassen. Von Neuem geboren werden? Was meinte Jesus damit? Ich hatte natürlich gehört, dass er gern in Bildern und Gleichnissen sprach, aber diese Metapher erschloss sich mir überhaupt nicht.

Ziemlich hilflos flüsterte ich: »Wie kann denn ein Mensch neu geboren werden, wenn er schon alt ist? Kann er in den Bauch seiner Mutter zurückkehren und noch mal geboren werden?«

Natürlich war mir bewusst, dass er das nicht wirklich physisch gemeint hatte. Aber wie dann? Also hakte ich nach. Schließlich wussten schon die griechischen Philosophen, dass man eine herausfordernde Aussage am besten durch eine geschickte Frage ins Wanken bringen kann. Vor allem aber hoffte ich, dass er sein denkwürdiges Bild durch Zitate aus den Heiligen Schriften würde untermauern können.

Doch Jesus wurde noch kryptischer: »Es geht um ein Neugeborenwerden aus Wasser und Geist.« Wie absurd: Man kann doch ein Bild nicht durch ein Bild erklären. Oder war es gar kein Bild? Wollte er mit dem Wasser auf die Bedeutung einer inneren Reinigung hinweisen – und mit dem Geist auf den Atem Gottes, den der Höchste zu Beginn der Schöpfung seinen Ebenbildern eingehaucht hatte?

Er muss meinen fragenden Blick trotz der Dunkelheit bemerkt haben, denn er sagte mit Sanftheit in der Stimme: »Du bist ein Lehrer Israels und weißt so was nicht«?

Nein, ich wusste es nicht. Schon fuhr er fort: »Der Wind weht, wo er will; du hörst sein Brausen, weißt aber nicht, woher er kommt und wohin er geht. So ist es mit denen, die aus dem Geist geboren werden.«

Langsam formte sich in mir eine Vorstellung: So, wie ich den Wind nicht sehen und doch seine Wirkung hören und spüren kann, kann ich den Geist Gottes nicht sehen und doch spüren. Anscheinend wollte er mir, dem Vertreter der geistlichen Führungselite, deutlich machen: »Achtung! Ihr setzt dauernd auf äußere Zeichen. Auf das Einhalten überlieferter Gebote, Rituale und Traditionen. Aber darum geht es nicht. Das Wesentliche geschieht im Herzen. Der innere Neuanfang muss den ganzen Menschen ergreifen.«

NEUANFANG! Darum ging es. Natürlich: von Neuem geboren werden. Lange habe ich Jesus angeschaut. Soweit das im Licht der Öl-Funzel möglich war. Minutenlang. Und dabei fiel mir ein, was ich zu Beginn über ihn gedacht hatte: »Ein Mensch in Vollendung.«

Ja, wenn einer, der bislang sein eigenes Mensch-Sein nicht wirklich ergriffen und mit dem eigenen Dasein gehadert hatte, auf einmal wahrhaft Mensch wird, durch und durch, dann ist das natürlich wie eine Neugeburt. Eine Neugeburt zur Vollendung.

Und auf eigentümliche Weise passte es jetzt auch, dass Jesus hinzufügte: »Gott hat die Welt so sehr geliebt, dass er seinen eigenen Sohn geopfert hat, damit jeder, der an ihn glaubt, nicht verloren geht, sondern das ewige Leben hat.« Sprich: Diese Neugeburt, die galt nicht nur im Diesseits, die wirkte fort, bis hin ins Jenseits, bis in alle Ewigkeit.

»Wenn einer nicht von Neuem geboren wird, so ist er nicht imstande, das Reich Gottes zu sehen.« Was für ein Satz!

ZUM WEITER-DENKEN

Nikodemus, der Gelehrte, bekommt von Jesus eine gelehrte Idee in Form eines Bildes präsentiert – eine Idee, die zugleich zu einer konkreten Persönlichkeitsveränderung einlädt.

- Wie würde ich mit meinen eigenen Worten ausdrücken, dass jemand neu geboren wird?
- Habe ich schon einmal eine »Wiedergeburt« erlebt, wie Jesus sie hier beschreibt?
- Gibt es in meinem Leben noch Facetten, bei denen ich mir wünschen würde, dass mir eine Art Wiedergeburt widerfährt?
- Warum benutzt Jesus das Bild von der Wiedergeburt nur bei Nikodemus und nicht noch bei anderen Menschen?

Bibelstelle: Johannesevangelium 3,1-21

29. Bartimäus

AUFSPRINGEN UND LOSLAUFEN!

Natürlich könnt ihr jetzt sagen: »Seht ihn euch an, den Bartimäus ... der hat's am eigenen Leib erfahren, wie das ist, wenn man von seiner Blindheit geheilt wird. Der war blind und kann wieder sehen. Ratzfatz. Der hat's gut. Dem ist ein Wunder widerfahren. Ach, wenn mir das doch auch mal passieren würde.«

So 'n Quatsch! Redet euch so'n Unsinn auf keinen Fall ein. Ja, ich, Bartimäus, der Sohn des Timäus, bin von meiner Blindheit geheilt worden. Aber hat nicht Jesus zu vielen Menschen gesagt: »Ihr habt Augen und seht nicht. Ihr habt Ohren und hört nicht!«?

Ja, das hat er. Und darum könntet ihr alle die gleiche Erfahrung machen wie ich. Mehr noch: Ich bin überzeugt, dass das, was mir passiert ist, nicht nur für mich galt, sondern ein Gleichnis war. Eine Geschichte, die etwas deutlich machen will.

Ich hockte damals am Stadttor – und hoffte auf Almosen. War eine recht gute Gelegenheit, denn die ganzen Pilgergruppen sammelten sich an diesem Tag vor dem Tor, um gemeinsam nach Jerusalem zum Passahfest aufzubrechen ... um zusammen den nervigen Aufstieg anzugehen: Tausend Höhenmeter von unserer Oase Jericho hoch in die »Stadt auf dem Berg«, Jerusalem. Tausend Höhenmeter auf 25 Kilometer.

Eine Straße, die du besser nicht allein reist, weil du sonst – ratzfatz – von einer der Räuberbanden überfallen wirst. Und wenn du das Glück hast, den Angriff zu überleben, dann kannst du sicher sein: Alles, was sich auch nur für ein hauchdünnes Fladenbrot verscherbeln lässt, ist weg. Vermutlich auch deine Kleider. Ja, so mancher Reisende, der es allein wagen wollte, fand sich plötzlich nackt auf der Straße wieder. Frauen wie Männer. Ziemlich unschöne Situation.

Deshalb suchen alle vor dem Stadttor eine Gruppe, der sie sich anschließen können. Und wenn solche Leute eine passende Gesellschaft gefunden haben, sind sie so beglückt, dass sie die Spendierhosen anhaben und einem blinden Bettler was auf den Mantel legen.

Einer von diesen schrägen Pilgern, die mir eine Münze hinwarfen, sagte plötzlich zu dem Menschen neben sich: »Schau mal, da drüben ist dieser Jesus, über den sich alle so aufregen. Der, der Leute gesund macht.«

Während ich normalerweise die Münzen, die auf meinem Mantel landen, immer sofort in die Hand nehme – um sie zu sichern und um zu fühlen, was sie wohl wert sind –, habe ich diesmal ratzfatz losgebrüllt: »Sohn Davids, erbarme dich.«

Immer wieder rief ich. Mann, was habe ich gebrüllt. Wie ein Gestörter. Denn ich hatte ja keine Ahnung, wie weit Jesus weg war. Also habe ich ohne Pause unfassbar laut gebrüllt, in alle Richtungen: »Sohn Davids, erbarme dich.«

Ich weiß, dass ich eine kräftige Stimme habe. Aber an dem Tag war ich lauter als eine Fanfare. So laut, dass mich mehrere Leute angefahren haben: »Hör gefälligst auf, hier so rumzukrakeelen.« Das war mir aber egal. Ich habe nicht aufgehört: »Du, Sohn Davids, erbarme dich.«

Dann hörte ich, wie jemand sagte: »Bringt ihn zu mir!« Und dann aus der gleichen Richtung eine rauere Stimme: »Sei getrost, steh auf! Er ruft dich.« Jetzt wusste ich ungefähr, wo Jesus stand. Also bin ich ratzfatz aufgesprungen und auf ihn zugerannt.

Glaubt mir, wenn ein Blinder losrennt, dann ist das echt volles Risiko. Du fällst so leicht auf die Fresse. Im Nachhinein wurde mir klar: Ich habe selbst meinen einzigen Besitz – meinen Mantel und die wenigen Münzen – zurückgelassen. Ich wollte einfach nur zu ihm hin.

Dann stand ich endlich vor ihm, keuchend. Und er fragt: »Was willst du, was ich dir tun soll?«

Hä? Ich? Ein blinder Mann! Na, was will der wohl? Gibt's eine blödere Frage? Andererseits: Gibt's eine klügere Frage? Man kann einem Menschen nur helfen, wenn er weiß, was er will. Wenn du weißt, was du willst. Jesus konnte mich ja nicht einfach so heilen, bevor er wusste, was ich wollte.

Also habe ich voller Aufregung hervorgestoßen: »Herr, ich möchte sehend werden!« Und er? Er verkündet ganz lässig: »Geh hin, dein Glaube hat dir geholfen.« Ratzfatz.

Weil ich ihm zugetraut habe, dass er mich heilen kann, oder was? Aber dann habe ich schon nicht mehr nachgedacht, weil auf einmal Blitze in meine Augenhöhlen schossen. Erst sah ich nur einzelne Strahlen, dann Konturen, dann Bilder. Dann das ganze Leben. Die Wirklichkeit, wie ich sie nie zuvor gesehen hatte.

Das mag jetzt komisch klingen – aber soweit ich weiß, bin ich der einzige Geheilte, der sich direkt nach seiner Heilung Jesus angeschlossen hat. Wahrscheinlich, weil ich spürte, dass dieses Licht nicht nur in meine Augen gefahren war, sondern ratzfatz auch in mein Herz und mein Gemüt.

Warum ist mein Wunder für mich ein Gleichnis? Weil ich meine, dass wir alle öfter den Mut haben sollten, zu Jesus um Hilfe zu brüllen. Ganz gleich, was die anderen denken. Weil wir den Mut haben sollten, unsere Sicherheiten hinter uns zu lassen und einfach loszulaufen, wenn das Leben ruft. Und weil ich glaube, dass wir eine Antwort auf seine Frage in uns finden müssen: »Was willst du, was ich dir tun soll?« Diese so schlichte und doch alles erschütternde Frage: »Was willst du, was ich dir tun soll?«

Glaubt mir, wenn ihr diese Frage für euch geklärt habt, dann könnt auch ihr Wunder erleben und sehend werden, hörend werden, fröhlich werden, mutig werden, frei werden.

Denn vergesst nicht: »Ihr habt Augen und seht nicht. Ihr habt Ohren und hört nicht.«

ZUM WEITER-DENKEN

Ein Wunder als Gleichnis: Wie können wir sehend werden? Bartimäus macht es vor ... und zugleich macht er uns Mut, der eigenen Wunderbedürftigkeit auf die Spur zu kommen.

- Was würde ich Jesus auf die Frage antworten: »Was willst du, was ich dir tun soll?«
- Was könnte unsere Gemeinde, unsere Stadt, unsere Kirche auf die Frage antworten: »Was willst du, was ich dir tun soll?«

- Was müsste ich hinter mir lassen, um dem Leben mutig entgegenlaufen zu können?
- Wann habe ich das letzte Mal aus vollem Herzen und ehrlich jemanden um Hilfe angefleht?

Bibelstelle: Markusevangelium 10,46-52

30. Judas

DAS VERMÄCHTNIS

Wenn ihr diesen Brief findet, ist alles vorbei. Alles! Auch mit mir ist es dann vorbei. Dann habe ich meinem Leben aus lauter Pein und Drangsal ein Ende bereitet. Weil Jesus nicht der war, für den ich ihn gehalten habe. Weil ich dann vor lauter Enttäuschung nicht weitermachen kann. Nicht weitermachen will.

Vermutlich werde ich in diesem Fall als Verräter in die Geschichtsbücher eingehen. Als Denunziant. Falls sich überhaupt noch jemand für die Geschichte eines angeblichen Messias interessieren sollte, der am Kreuz verreckt ist. Weil mit ihm dann auch all seine blumigen Träume vom Himmelreich verbluten werden.

Dabei hatte ich eine wilde Vision: Ich wollte Jesus ermutigen, der Welt endlich seine göttliche Macht zu offenbaren. Ich hatte ja mit angesehen, wie er Stürme gestillt, Brot vermehrt und Tote auferweckt hat. Ich hatte erlebt, dass in ihm eine himmlische Macht wirkte. Er war Herr über Leben und Tod.

Aber immer, wenn ich zu ihm sagte: »So, Jesus, jetzt ist es so weit, jetzt übernimm die Macht im Land! Wir treiben diese elendigen Besatzer, die gottlosen Römer, ins Meer und werden wieder ein stolzes Volk – so, wie es uns von deinem Vater verheißen wurde«, hat er nur die Lippen aufeinandergepresst und nach kurzem Zögern geantwortet: »Mein Reich ist nicht von dieser Welt!«

Keine Ahnung, was ihn noch zurückgehalten hat. Obwohl: Manchmal brach er ja aus ihm heraus, der Furor des Himmels. Erst vor wenigen Tagen im Tempel zum Beispiel. Da ist Jesus ausgerastet. Wahnsinn! Er hat sich aus Seilen eine Peitsche geflochten und brüllend und tobend die kultisch reinen Tiere, die dort zum Verkauf angeboten wurden, zum Tor hinausgetrieben.

Anschließend hat er angefangen, auf die Geldwechsler einzuschlagen. Mit voller Wucht. Und danach hat er ihre aufgetürmten Münzen quer durch die Halle geschleudert und ihre Tische umgeworfen. Umgetreten! Das Ganze sah aus wie ein Schlachtfeld. Ich habe es so genossen. Endlich kamen die Emotionen zum Vorschein, auf die ich so lange gewartet hatte: die Wut. Die Aggression. Der Hass. Der Zorn Gottes!

Und mit welcher Energie er dann getobt hat: »Macht das Haus meines Vaters nicht zu einem Kaufhaus, zu einer Räuberhöhle. Das ist ein Haus des Gebets!« Ich konnte das so gut nachvollziehen. Die Obrigkeiten verdienten sich im Vorhof des Allerheiligsten eine goldene Nase, weil sie ja von allen Gläubigen Opfer forderten. Und die dafür nötigen Gaben ließen sie sich teuer bezahlen.

Jetzt wusste ich: Auch Jesus kennt den ungestümen Zorn, der schon so lange in mir wütet. Und ich musste diesen Zorn, diese Raserei aus ihm herauskitzeln, dann ... dann würde er seine Rolle als Befreier unseres Volkes endlich annehmen und kämpfen. Kämpfen gegen die Römer, gegen die hochnäsige Aristokratie, gegen die falschen Frommen in diesem Land. Kämpfen mit der ihm vom Himmel verliehenen Macht. O ja, wer einen Sturm stillen kann, der kann auch einen Sturm entfachen. Einen gewaltigen, reinigenden Sturm, der all den Dreck und die Sünde aus unserem Land hinwegfegt.

Nur deshalb beschloss ich, der jüdischen Obrigkeit zu verraten, wo Jesus in dieser Nacht sein würde. Und wenn sie ihn dann zu verhaften versuchten, dann würde er ihnen schon zeigen, was in ihm steckt.

Natürlich wusste Jesus, was ich vorhatte. Wie hätte er es nicht wissen können? Zumindest herrschte an jenem Abend, als wir zum Passahmahl zusammensaßen, eine ziemlich ungemütliche Stimmung. Gedrückt und mit einem Hauch von Abschied.

Dann stand Jesus auf einmal auf und erklärte, dass das Brot und der Wein in seiner Hand nicht nur Brot und Wein wären ... zumindest dann, wenn wir sie in Erinnerung an ihn zu uns nähmen, wenn wir als Glaubende in seinem Namen versammelt wären. Dann würden Brot und Wein für uns zu seinem Leib und seinem Blut. Ja, das hat er gesagt: zu seinem Leib und seinem Blut.

Was gar nicht möglich ist, weil ein gläubiger Jude kein Blut zu sich nimmt. Oder wollte er uns sagen, dass er bei solchen Mahlen auch in Zukunft »leibhaftig« anwesend sein würde – eben in den Speisen? So ganz kapiert habe ich das nicht.

Aber als er seine kleine Rede beendet hatte, fügte er hinzu: »Ihr, meine Jünger, habt reine Seelen ... aber nicht alle.« Ja, mehr noch: »Derjenige, mit dem ich gleich den Bissen Brot in den Wein tunken werde, der wird mich verraten.« Das hat er dann auch gemacht … mir den Happen in die Hand gedrückt und dabei gezischt: »Was du tun willst, das tu bald.«

O ja, er wusste, was ich vorhatte. Und nicht nur das: Er *wollte* das, was ich vorhatte. Hätte er mich sonst nicht aufgehalten? Ich bin sicher, Jesus wusste, dass ich ihn verraten musste, um ihn aus der Reserve zu locken.

Als Jesus nachts mit einigen Jüngern im Garten Gethsemane war, führte ich die Tempeldiener und die Soldaten zu ihm. Und damit jeder wusste, welcher der Männer Jesus ist, ging ich vor aller Augen auf ihn zu … und küsste ihn. Ja, ich küsste ihn. Zärtlich. So, wie ein guter Freund einen anderen küsst. Weil ich wusste, dass ich damit für den Beginn des Heils sorgen würde, auf das mein Volk schon seit Jahrhunderten wartete.

Wenn ihr diesen Brief findet, dann ist mein Plan fehlgeschlagen. Dann hat Jesus nicht – wie von mir beabsichtigt – den Kampf gegen die Unterdrücker begonnen, dann ist er ihnen zum Opfer gefallen. Was auch bedeutet: Dann kann er nicht der von mir so ersehnte Sohn Gottes sein.

ZUM WEITER-DENKEN

Der Verrat von Judas ist heiß umstritten. Für einige Kirchen ist der Jünger ein Verräter, in anderen gilt er als Heiliger. Auf jeden Fall wird er zum Auslöser des Heilsgeschehens.

- Warum hat Jesus nicht – wie von vielen erhofft – als neuer Herrscher aus dem Volk die Macht übernommen?
- Wenn Jesus heute erneut auf die Erde käme, was würde ich mir politisch von ihm wünschen?

- Jesus verändert nicht die Gesellschaft, sondern die Menschen – und die verändern die Gesellschaft. Kann ich das nachvollziehen?
- Kann ich mir vorstellen, dass Jesus beim Abendmahl »leibhaftig« anwesend ist – und was bedeutet das für mich?

Bibelstelle: Lukasevangelium 22,1-23, 47-49

31. Procula

NICHT VON DIESER WELT

Pontius hat nie viel von seiner Arbeit erzählt. Wenn er abends nach Hause kam, wollte er gern entspannen, am liebsten in meinen Armen. Abschalten. Runterkommen. Ob er mich mit seinen Aufgaben als Präfekt nicht belasten wollte? Das kann ich nicht sagen. Er meinte einmal: Er müsse den ganzen Tag reden, dann wäre es ihm recht, wenn er abends schweigen könne.

Doch an diesem einen Abend war er spürbar unruhig. Etwas arbeitete in ihm. Ich sprach ihn darauf an, was sonst nicht meine Art war. »Was ist? Was belastet dich?« Und diesmal fing er an zu erzählen: von einem vermeintlichen Aufrührer, den er tagsüber hatte verhören müssen, einen, den die jüdischen Obrigkeiten nur allzu gern losgeworden wären.

»Stell dir vor, Procula«, hat er zu mir gesagt, »ich frage diesen Jesus, ob er sich denn selbst als König der Juden versteht. Eine ziemlich heikle Frage, weil sich darin ja die Möglichkeit eines Aufstands andeuten könnte. Immerhin ein ›crimen laesae majestatis‹, auf das nach römischem Recht die Todesstrafe steht.«

»Und? Was hat dieser Jesus geantwortet«, wollte ich wissen, woraufhin mein Mann seinen Kopf an meine Brust drückte. »Das ist ja das Irritierende. Er hat weder Ja noch Nein gesagt, sondern seltsam ausweichend reagiert. Er murmelte nur: ›Du sagst es‹ – als wäre ich, ich! allein mit meiner Befragung für alles verantwortlich, was geschehen würde. Dann ergänzte er: ›Mein Reich ist nicht von dieser Welt. Ich bin keine Gefahr für Rom.‹«

Pontius nahm meine Hand und streichelte sanft mit seinem Zeigefinger über meinen Handrücken. Doch sein Atem wurde nicht ruhiger. »Als ich von diesem Jesus wissen wollte, was das denn für ein Königreich sei, in dem er König sei, sagte er freundlich, er sei deshalb ein König, weil er für die Wahrheit Zeugnis ablege. Absonderlich.«

Mein Mann kratze sich gedankenverloren am Kopf. Das macht er öfter, wenn ihn etwas quält. Dann nickte er, als wäre ich gar nicht da: »Ich habe ihn erst mal gefragt: ›Was ist denn Wahrheit?‹, aber darauf hat er mir nicht mehr geantwortet. Tja, was ist die Wahrheit? Ich meine, welche Erkenntnis könnte dieser selbst ernannte Wahrheitskönig besitzen, die andere nicht haben?«

»Was passiert jetzt mit ihm?«, wollte ich wissen und hielt die Hand fest, mit der er sich immer heftiger kratzen wollte.

»Ich habe ihn zu Herodes Antipas bringen lassen, soll der sich als offizieller Herrscher der Juden darum kümmern. Der ist durch und durch ein Vasall Roms … soll er doch schauen, was er mit so einem Aufrührer anfängt.«

Kurz darauf überschlugen sich die Ereignisse: Herodes Antipas hatte Jesus nämlich *stante pede* zurückbringen lassen, weil dieser sich geweigert hatte, vor den Augen des Herrschers eines der Zauberkunststücke zu präsentieren, über die auf den Gassen so kontrovers diskutiert wurde.

Darauf ließ Pontius Jesus auf den Marktplatz führen, um ihn dort den Leuten zu präsentieren – auch, weil es wohl so einen merkwürdigen jüdischen Brauch gab, dass am Tag des Passahfestes ein Gefangener freigegeben werden kann. »Seht, welch ein Mensch!«, hat mein Mann gerufen und den Schaulustigen die Wahl gelassen: »Sollen wir den ›König der Juden‹ begnadigen oder einen bekannten Mörder? Den Straßenräuber Barabas?«

Als mein Mann diesmal unser Atrium betrat, war er schweißgebadet, obwohl ein kühler Wind vom Meer heraufzog. »Die sind alle wahnsinnig. Stell dir vor, Procula, als ich diesen Wanderprediger freigeben wollte, da haben sie gerufen ›Kreuzigt ihn!‹ Immer wieder: ›Kreuzigt ihn!‹ Es war grauenhaft! Selbst dann noch, als ich sie gefragt habe, welche Schuld sie denn an ihm sehen, haben sie weiterskandiert. Ich sage dir eines: Ganz gleich, was daraus wird – ich wasche meine Hände in Unschuld!«

Da musste ich es ihm sagen. Das, was mich schon den ganzen Tag umgetrieben hatte. Dass ich in der Nacht einen eigentümlichen Traum gehabt hatte. Ich, die sonst niemals träumt, die schläft wie ein Murmeltier, hatte eine Stimme gehört – ohne dass ich sagen konnte, ob es sich dabei um einen Engel, einen Dämon, eine Gottheit oder was auch immer gehandelt hat. Diese Stimme hatte mir klipp und klar erklärt, dass Jesus unschuldig sei, weil er nichts falsch gemacht habe. Und ich hatte gespürt, dass es meinen Mann unglücklich machen würde, wenn er Jesus verurteilen würde.

Pontius musste sich erst mal setzen. Schwer ließ er sich auf eine der Liegen in unserem Atrium fallen und starrte einige Minuten schweigend in den Himmel. Dann sagte er, mehr zu sich selbst als zu mir: »Ich werde es nicht aufhalten können.

Du weißt: Das höchste geistliche Fest der Juden steht vor der Tür, und die Stimmung ist gereizt. Der Hohe Rat will, dass ich das Problem mit diesem Jesus aus der Welt schaffe … und ich kann mir keinen Volksaufstand leisten.«

Da habe ich den Kopf von Pilatus in meine Hände genommen und ihn sanft auf die Stirn geküsst. Und als ich ihn küsste, da erkannte ich, dass ich in jener Nacht die Stimme Gottes gehört hatte, die Stimme des jüdischen Gottes, von dem Jesus verkündete, dass er die Menschen liebt, so wie ein Vater seine Kinder liebt. Und ich ahnte, dass mich diese Liebe berührt hatte.

Heute stehe ich vor euch als eine Glaubende, als jemand, der im tiefsten Zerbruch – der Verurteilung von Jesus – vom Segen ergriffen wurde. Vielleicht, weil Gottes Segen im Zerbruch am stärksten wirken kann. Bei mir zumindest war es so.

ZUM WEITER-DENKEN

Im Apostolischen Glaubensbekenntnis heißt es kurz: »Gelitten unter Pontius Pilatus«. Doch die Rolle des Statthalters Roms war wohl deutlich vielfältiger – und sie ist lehrreich.

- Musste ich schon mal etwas gegen meine Überzeugung tun, weil mich die Umstände dazu gezwungen haben?
- Wie hätte Pilatus den »Fall Jesus« anders lösen können? Was denke ich?
- Wenn man mich fragen würde, was Wahrheit ist, was würde ich wohl antworten? Und warum sagt Jesus: »Ich bin die Wahrheit«?
- Kenne ich die Erfahrung, dass Gottes Segen im Zerbruch besonders kraftvoll wirken kann?

Bibelstelle: Matthäusevangelium 27,11-26

32. Simon von Kyrene

KREUZWEISE

Schaut euch diese Hände an. Meine schwieligen, von der Feldarbeit gezeichneten Finger. Schaut sie euch genau an, diese Hände! Seht ihr, was an ihnen einzigartig ist? Seht ihr es?

Nein, nicht, dass sie schwarz sind. Das sind sie. Aber das ist nicht das Wesentliche. Auch wenn ich gelegentlich denke, dass ich vermutlich der erste Schwarze bin, der von Jesus derartig berührt wurde. Aber das meine ich nicht. Schaut noch mal genau hin. Und? Gut, ich verrate es euch. DIESE HÄNDE…

… diese Hände haben das Kreuz unseres Erlösers getragen.

Versteht ihr: SEIN KREUZ! Diese Arbeiterhände haben zugepackt, als Jesus vor lauter Entkräftung mehrfach zu Boden gegangen ist, sich nicht mehr aufrichten konnte und die Soldaten genervt erkannten, dass ein weiterer Schlag mit der Peitsche hier nicht weiterhelfen würde.

Ich kam an jenem Morgen vom Feld und wollte mir in unserem Haus einen Schluck Wein holen – und meine Söhne Alexander und Rufus bitten, dass sie mir beim Pflügen helfen, weil das zu dritt deutlich einfacher geht: Einer – also ich – zieht den Pflug, einer steuert ihn und einer wirft das Saatgut in die frisch aufgeworfene Furche.

Auf meinem Weg nach Hause hörte ich auf einmal lautes Johlen und Rufen. Kurz vor der Schädelstätte Golgatha, die ich sonst lieber meide, weil es dort so unfassbar nach verwesten Leichen stinkt. Aber ihr wisst ja, wie das ist: Wenn irgendwo gejohlt und gerufen wird, dann willst du wissen, was da los ist. Ich also hin und geschaut.

Die Leute standen am Wegesrand und begafften drei Männer, die die Querbalken ihrer Kreuze selbst zur Hinrichtungsstätte schleppen mussten. Ich hasse Kreuzigungen. Ja! Wenn ich als Besatzungsmacht schon jemanden zum Tode verurteile, dann kann ich das Ganze doch wenigstens kurz und schmerzlos erledigen. Aber nein, die Römer ließen die Gekreuzigten stundenlang am Kreuz hängen und leiden. Zur Abschreckung, wie sie sagen. Für mich ist das purer Sadismus.

Ich wollte mich gerade angewidert abwenden und weitergehen, als mich eine derbe Stimme zurückbeorderte: »Hey, du da … ja, du Afrikaner. Komm mal her.« Natürlich hätte ich weglaufen können, aber die Besatzungsmacht hatte ja verordnet, dass jeder Soldat jeden Bürger für Hilfsdienste einspannen konnte. Und ich hatte keine Lust, selbst mit dem Gesetz in Konflikt zu geraten.

Also drehte ich mich um und deutete fragend auf mich selbst: »Ich?« Der Soldat, ein glatzköpfiger, pickeliger Kerl, dessen Hautfarbe seinen übermäßigen Alkoholkonsum widerspiegelte, winkte mich mit seinen schmuddeligen Fingern herbei und deutete dann auf einen der Gefangenen, der zu Boden gefallen war: »Nimm seinen Balken und trag ihn.«

Nun müsst ihr euch vorstellen, dass Jesus von der Auspeit-
schung und einer Dornenkrone über und über mit Blut bedeckt
war – und auch sein Balken wies überall Blutflecken auf. Dunkle,
glänzende Stellen. Also bemühte ich mich, das Holz so anzuhe-
ben, dass ich mich nicht beschmutzen würde. Doch der Soldat
brüllte nur: »Jetzt mach schon. Wir haben nicht ewig Zeit. Oder
soll ich dich gleich mit kreuzigen lassen?«

Als ich den Balken auf dem Rücken hatte, bemerkte ich sofort, dass Jesus auf keinen Fall würde von allein aufstehen können. Er war so zerschlagen und geschunden. Also packte ich
ihn mit meinem freien Arm, zog ihn hoch und stützte ihn. So
stolperten wir gemeinsam zur Schädelstätte.

Wir hatten den schrecklichen Ort schon fast erreicht, als
sich aus der Menge der Schaulustigen eine Frau löste, auf uns
zustürmte und Jesus mit einem Tuch sanft das Blut und den
Schweiß von der Stirn wischte. An sich ein ganz natürlicher
Vorgang, doch als die junge Frau das Tuch danach in ihren Händen hielt, sah ich, dass darauf der Abdruck seines Gesichts zu
sehen war. So klar, als hätte ein begabter Maler ein Porträt ange-
fertigt.

Ich gaffte erst das Tuch an, dann die Frau – und sie flüsterte
mir zu: »Das ist Jesus. Er ist der Messias!«

»Wie heißt du?«, fragte ich, und sie antwortete: »Veronika!
Wir treffen uns jeden Abend. Wenn du wissen willst, wo, dann
frag im Haus von Josef von Arimathäa.«

»Wen meinst du mit ›wir‹? Wer seid ihr?«, wollte ich wissen.

Woraufhin sie ihre Hand auf meinen Arm legte: »Wir sind die Menschen des Weges ... die, die mit ihm gegangen sind ... und die wissen, dass er der Messias ist.«

Ich wollte sie noch fragen: »Aber wie kann er der Messias sein, wenn er gleich gekreuzigt wird ...?« Doch bevor die Frage meinen Mund verlassen konnte, sprang mich ein Ungetüm von hinten an, zerfetzte mir mit einem Schlag den Rücken und warf mich zu Boden. Es dauerte eine Zeit lang, bis ich kapierte, dass mir der Soldat einen Peitschenhieb versetzt hatte: »Hier wird nicht geredet. Beweg deinen schwarzen Arsch gefälligst weiter. Kapiert?«

Veronika verschwand so schnell, wie sie aufgetaucht war, und ich brachte Jesus bis zu der Stelle, wo die Henker schon die Holzstämme vorbereitet hatten, an denen sie die Querbalken befestigen würden. Ich wollte meine Last gerade ablegen, als Jesus meine Hand ergriff und mir die alten Worte zuraunte, die Gott einst zu Abraham gesagt hatte: »Ich will dich segnen – und du sollst ein Segen sein.«

Noch am gleichen Abend ging ich zu einem Treffen seiner Anhängerinnen und Anhänger. Und wurde bald selbst einer.

ZUM WEITER-DENKEN

Simon von Kyrene gilt seit 2000 Jahren als vorbildlicher Nachfolger Jesu, einer, der das Kreuz mitträgt. Später soll er selbst Christ geworden sein und sich für die Gemeinde engagiert haben.

- Was meint Jesus wohl, wenn er sagt, dass jede und jeder ihr beziehungs-weise sein Kreuz tragen muss?
- Simon kommt durch Zufall in Kontakt mit Jesus. Wie bin ich eigentlich mit Jesus in Kontakt gekommen?
- Veronika lädt Simon ein. Wie und wodurch könnte ich Menschen zum Glauben einladen?
- Fühle ich mich gesegnet? Und wo werde ich zum Segen für andere um mich herum?

Bibelstelle: Lukasevangelium 23,26

33. Dismas

HEUTE NOCH!

Mutter hatte mir verboten hinzugehen. Aber Mutter hatte mir nichts mehr zu sagen. Auf Vater hätte ich gehört. Aber der konnte mir nichts mehr sagen. Und ich wollte dabei sein. Unbedingt. Dabei sein, wenn Vater stirbt. Ihn in seiner bittersten Stunde nicht alleinlassen.

Mein Vater, der Räuber. Der, den sie erwischt hatten. Den sie zum Tode verurteilt hatten. Weil er selbst ein Mörder war. Wusste ich das mit meinen 14 Jahren? Ja, ich wusste es: Mein Vater war ein Mörder. Ein Schächer. Und ich war trotzdem stolz auf ihn. Er war mein Vater! Er konnte nicht durch und durch schlecht sein.

Jetzt hing er da. An einem der Kreuze hoch über mir. An der Seite. Einer von dreien. In der Mitte hing dieser jüdische Aufrührer, an dessen Kreuz sie ein Schild genagelt hatte: »I. N. R. I.«, als Abkürzung. Für »Iesus Nazarenus Rex Iudaeorum«, also »Jesus aus Nazareth, König der Juden.« Am Kreuz meines Vaters stand: »Räuber und Mörder«. Und auf dem Schild des dritten Mannes stand ebenfalls »Räuber und Mörder«.

Wusste Vater, dass ich da bin? Keine Ahnung. Er wirkte völlig weggetreten. Die Augen geschlossen. Was vermutlich das Beste für ihn war. Wenn dir jemand daumendicke Nägel durch die Hand- und Fußgelenke treibt, dann hilft es, wenn der Geist sich früh verabschiedet.

Der zweite Mörder, übrigens ein Kompagnon meines Vaters – man hatte sie zusammen festgenommen –, war noch bei Sinnen. Zumindest hob er überraschend schnell den Kopf und schrie voller Verachtung dem Mann in der Mitte zu: »Hey du, ich dachte, du bist der himmlische Retter? Dann rette dich gefälligst selbst und uns!« Jedes Wort ein Fluch. Jede Silbe ein Hohn.

Jesus reagierte nicht. Doch Vater kam wieder zu sich. Hob ebenfalls den Kopf. Öffnete die Augen. Sah zu seinem Kumpan rüber und wies ihn zurecht: »Hast du überhaupt keine Scham mehr? Keinen Glauben? Du und ich: Wir bekommen die Strafe, die wir verdient haben … aber er … er hat nichts Böses getan.«

Das klang ungewohnt. Nicht so, wie ich Vater kannte. Den Vater, der ständig fluchte, schimpfte und mit derben Worten um sich warf. Der irgendwas in sich und der Welt hasste. Der ohne mit der Wimper zu zucken anderen Menschen das Leben genommen hatte.

Obwohl: Vater konnte auch anders sein. Einmal etwa, da hatte er reichlich Wein getrunken … da nahm er mich in den Arm und lallte: »Eines Tages kriegen sie mich. Dann muss ich für alles bezahlen, was ich getan habe. Glaub mir, Junge, ich bin nicht stolz darauf.«

Und jetzt also solche Worte. Ja, Vater war der Einzige, der in diesem Prozess die Unschuld von Jesus bezeugte. Der Einzige. Oder zumindest der Einzige, der es laut aussprach: »Er hat nichts Böses getan!« Vater wusste sehr gut, was es bedeutet, Böses zu tun. Vater war böse. Vater war ein Mörder. Wie es auf dem Schild stand: »Räuber und Mörder«. Jeder konnte es lesen. Doch etwas war anders geworden. Mit ihm. In ihm.

»Jesus, denk an mich, wenn du in dein himmlisches Reich kommst!« Vater ächzte es mehr, als er sprach. Vor Erschöpfung? Vor Schmerz? Oder weil es ihm so schwerfiel, um etwas zu bitten? Keine Ahnung. Ich weiß nicht, ob ich Vater jemals hatte um etwas bitten hören. Vater bat normalerweise nicht. Vater befahl. Vater hatte alles in der Hand.

»Jesus, denk an mich, wenn du in dein himmlisches Reich kommst!« War Vater mit dem letzten Atemzug fromm geworden? Der alte Spötter? Der »Religion ist Unsinn«-Verkünder? Der »Ich glaube nur an mich selbst«-Räuber? Keine Ahnung. Doch die Botschaft dieses Jesus war ihm anscheinend vertraut: »Wenn du in dein himmlisches Reich kommst…« Ich wusste nicht, was das für ein Reich sein sollte. Er offensichtlich schon.

Vater rechnete wohl nicht mit einer Reaktion. Seine Lider schlossen sich wieder. Ganz langsam. Als schliefe er vor meinen Augen ein. *Sag was!*, rief ich Jesus in Gedanken zu. *Antworte! Hast du nicht gehört, was Vater gesagt hat? Dass er dich angefleht hat? Rede!*

Als hätte Jesus mich gehört, hauchte er mühsam in Richtung meines Vaters: »Ich sage dir: Noch heute wirst du mit mir im Paradies sein.«

Was? Im Paradies? Vater? Der »Räuber und Mörder«? Wie das? War das Vergebung? Gnade? Oder wollte dieser »König der Juden« Vater nur seinerseits verspotten?

Aber Vater … Vater öffnete ein letztes Mal die Augen. Und in diesen Augen war ein Glanz, den ich noch nie zuvor in ihnen gesehen hatte. Ich bin kein Dichter. Aber wäre ich einer, ich würde sagen: Vater war glücklich. Zum ersten und einzigen Mal in seinem ganzen Leben. Vater war glücklich. Dort am Kreuz.

Vater weinte. Zum ersten Mal in seinem ganzen Leben. Dort am Kreuz. Vater hasste die Welt nicht mehr. Und sich auch nicht.

Vater hatte Frieden. Dort am Kreuz. Zum ersten Mal. In seinem ganzen Leben.

Und dieses Glück in Vaters Augen … das sehe ich bis heute vor mir. Weil ich es in seinen Augen gesehen hatte, wusste ich: Glück ist möglich. Und ich ahnte, es hat was mit Vergebung zu tun. Und mit Gnade. Damit, dass mir einer zusagt: »Du wirst mit mir im Paradies sein.« Nun, ich kann darauf noch ein bisschen warten. Aber die Zusage … die will ich jetzt schon annehmen.

Wenn ihr glauben könnt, dass Jesus das Heil der Welt ist, dann sage ich euch heute: »Ihr werdet mit ihm im Paradies sein!«

ZUM WEITER-DENKEN

Der »Schächer am Kreuz« erfährt im letzten Moment Vergebung und erhält von Jesus ein Versprechen auf das Paradies. Eine ungewöhnliche Geschichte mit einem unerwarteten Ende.

- Was genau hat Jesus wohl dazu gebracht, so einen Satz zu dem Schächer zu sagen?
- Kann ich mir vorstellen, dass ein Mensch in letzter Minute mit sich und Gott ins Reine kommen kann?

- Ist das gerecht, dass ein derartiger Mörder am Ende alles verziehen bekommt?
- Wenn an meinem Grab ein Schild stünde, dass mich charakterisiert, was würde da wohl draufstehen?

Bibelstelle: Lukasevangelium 23,39-43

34. Josef von Arimathäa

KARFREITAG AM GRAB

Ich schäme mich. Ich hätte mich schon damals zu Jesus bekennen sollen. Aber ich konnte nicht. Und ich wollte auch nicht. Ich hatte viel zu viel zu verlieren … als Mitglied des Hohen Rates, als einer der angesehensten Bürger Jerusalems, als Mitglied der Elite. Es hat lange gedauert, mir so ein Renommee zu erarbeiten.

Wenn herausgekommen wäre, dass ich ein Sympathisant bin, ein Anhänger des Mannes aus Nazareth, hätte das meinem Ruf massiv geschadet. Er galt damals schließlich als Aufrührer. Einer, der sich ständig über die heiligen Gesetze der Thora hinwegsetzte. Er heilte am von Gott eingesetzten Ruhetag, dem Schabbat, er fastete nicht, er berührte Aussätzige und er feierte ausgelassene Feste mit bekannten Volksverrätern.

Und er hatte mehrfach angedeutet, dass die Gebote nicht so zu verstehen wären, wie wir – die geistlichen Leiter des Landes – sie interpretierten. Ja, er hatte lässig behauptet: »Die Menschen sind nicht für die Gesetze da, sondern die Gesetze für die Menschen.«

Das war für die meisten meiner Kollegen reinste Blasphemie. Die Gebote kamen doch von Gott. Er hatte sie seinem Knecht Mose gegeben. Wie konnte da jemand öffentlich behaupten, man müsse sie der Situation angemessen anwenden? Ein Gebot ist ein Gebot. Und es ist immer gültig. Ganz gleich, ob es schneit oder die Sonne scheint, ganz gleich, ob es just in diesem Moment sinnvoll erscheint oder nicht.

Jesus sah das anders. Ihn interessierte nur, ob ein Gebot hilft, befreit und gottbewusst zu handeln. Ob es den Menschen zu einem guten Leben verhilft. Andererseits scheute er nicht davor zurück, die Gebote drastisch zuzuspitzen. Zum Beispiel damals in der Bergpredigt. Da hat er behauptet, für ihn bedeute das Gebot »Du sollst nicht töten!« nicht nur, dass wir einander nicht mit Messern oder Schwertern zu Leibe rücken sollen – er war überzeugt, dass auch jemand, der einen anderen hasst, verleumdet oder beschimpft, etwas in ihm tötet. Ja, manchmal kann schon eine Beleidigung jemandem alle Lebenskraft rauben. Insofern verschärfte er Gottes Wort sogar.

Mich hat seine Lehre fasziniert. Von Anfang an. Weil ich wusste, dass er recht hatte. Dass er Gott besser verstand als all diejenigen, die sich an jahrhundertealte Worte krallten, als wären diese Worte selbst Gott. Welch ein Irrtum. Oder wie der Apostel Paulus später sehr anschaulich ausgedrückt hat: »Der Buchstabe tötet, aber der Geist macht lebendig.« Und ich sah, dass die Botschaft von Jesus lebendig machte. Neues Leben schenkte. Mir jedenfalls.

Dennoch fehlte mir anfangs der Mut, mich öffentlich dazu zu bekennen. Also gehörte ich nur heimlich zu den Anhängern des Nazareners. Hörte Jesus mehrfach in den Synagogen predigen und reiste sogar einmal nach Kapernaum, um bei ihm zu sein und ihn dort reden zu hören. Und um mitanzusehen, wie er einen Taubstummen heilte. Das war betörend und verstörend zugleich.

Und dann wurde ihm hier in Jerusalem der Prozess gemacht. Von Menschen, mit denen ich befreundet war. Wie hätte ich ihnen vermitteln können, dass sie dabei waren, den Mann zu töten, den ich wahrhaftig für den Messias hielt?

Dennoch trieb mich diese Tragödie um. Ich musste was tun. Irgendwas. Ich gehöre schon immer zu den Menschen, die, wenn es ihnen schlecht geht, etwas Konkretes machen müssen. Handeln. Agieren. Reagieren. Nicht einfach abwarten, sondern aktiv werden. Nur, was konnte ich schon tun? Zumindest hatte ich keine Chance, das Todesurteil gegen Jesus abzuwenden.

Dann stand am Nachmittag des Freitags einer der Jünger vor meiner Tür. Leichenblass. Verängstigt. »Josef. Morgen ist Schabbat. Wenn wir den Leichnam von Jesus nicht heute beerdigen, dann muss er bis übermorgen hängen bleiben. Dann könnte es sein, dass die Raben anfangen, ihm die Augen auszupicken.«

Da erkannte ich, was ich tun konnte. Ich nickte dem verloren wirkenden Mann aufmunternd zu und rannte direkt zu Pilatus. Zum Glück war er zu Hause. Ich fand ihn, in den Armen seiner Frau liegend. Als ich ihm mein Anliegen vortrug, schwieg er erst einmal. Dann reichte er mir eine Schale mit Wein, bevor er reagierte.

»Ich bin überrascht. Erstens darüber, dass der König der Juden so schnell gestorben ist. Du weißt, manche hängen dort viele Stunden.« Dann zwinkerte er mir zu. Zumindest schien es mir so. »Und zweitens wundere ich mich darüber, dass ein Mit-glied des Hohen Rates sich um diesen Jesus kümmert.«

Normalerweise wäre diese intime Begegnung ideal gewesen, um Pilatus meine wahre Gesinnung zu offenbaren, aber ich traute mich wieder nicht. Stattdessen sagte ich: »Das Passahfest steht bevor. Und ich möchte nicht, dass sich seine Anhänger am Kreuz versammeln, um dem Toten zu huldigen. Daraus könnte ein Aufruhr entstehen. Und in meiner privaten Grabhöhle soll der Leichnam nur vorübergehend gesichert werden, bevor er am dritten Tag eine neue Stätte bekommt.«

Wer hätte damals ahnen können, dass das prophetische Wor-te waren? Tatsache ist: Sie waren mit dafür verantwortlich, dass ich später von den Römern verhaftet und verhört wurde, weil sie vermuteten, ich hätte den Leichnam (wie bei Pilatus ange-kündigt) entfernt.

So kam es dann, dass ich den Körper von Jesus mit einigen Knechten vom Kreuz abnahm, in ein Leichentuch wickelte und in meiner Grabhöhle unterbrachte. Es war das wenigste, was ich tun konnte. Und nicht genug, um meine Scham über meine Feigheit zu mindern.

ZUM WEITER-DENKEN

Josef von Arimathäa schrieb Geschichte, weil er Jesus in seine Grabhöhle legte. Ein Mann, der Angst hatte, zu seinem Glauben zu stehen – und doch zu einem Glaubenden wurde.

- Fällt es mir leicht oder schwer, in der Öffentlichkeit zu meinem Glauben und meinen Überzeugungen zu stehen?

- Was bedeutet mir der Satz: »Die Gebote sind für den Menschen da!« und wie interpretiere ich ihn?
- Wenn ich überlegen würde, was ich für Jesus sinnbildlich »tun« könnte – was fiele mir dazu ein?
- Ist es schon mal passiert, dass sich etwas, das ich gesagt habe, später als prophetisch herausgestellt hat?

Bibelstelle: Markusevangelium 15,42-47

55. Salome

ER IST NICHT HIER!

Wir haben es erst mal keinem erzählt. Niemandem. Vor lauter Schlottern und Entsetzen. Ja, wir hatten einfach Angst. Angst, dass uns keiner glauben würde. Wir saßen zu dritt in meinem Haus, weiter am ganzen Körper zitternd, und überlegten, ob wir schlicht den Verstand verloren hatten.

Sagt mir ehrlich: Wenn eine Frau zu euch käme und euch erzählen würde, dass ein Toter wieder lebendig geworden ist – ihr würdet ihr doch auch kein Wort glauben. Lachen würdet ihr. Euch den Bauch halten. Oder aber sie zu den Ärzten bringen: »Schaut, wir vermuten, sie hat Fieber oder einen Schock.«

Und genau so war es: Wir waren geschockt. Wir wussten, es würde uns keiner glauben – weil wir uns selbst nicht glauben würden: »Das war alles in den letzten Tagen ein bisschen viel für die Frauen. Die Verhaftung von Jesus, der Verrat von Judas, der Prozess, die Hinrichtung, die übereilte Grablegung, um noch schnell vor Sonnenuntergang den Leichnam versorgt zu haben.«

Ja, das war alles ein bisschen viel gewesen. Der Tod von Jesus. Und das Ende unserer Träume. Wir alle hatten unsere Heimat hinter uns gelassen, weil wir überzeugt waren, dass das »Reich der Himmel«, von dem Jesus geschwärmt hatte, Wirklichkeit werden würde. Hier in Israel. Aber auch darüber hinaus auf der ganzen Welt. Eine Gesellschaft, in der die Menschen die Erfahrung machen würden, die wir gemacht hatten: dass wir gewollt waren, erwünscht, geliebt … von dem Gott, der seinen eigenen Sohn auf die Erde geschickt hatte, um unsere Enge zu überwinden.

Doch mit dem Körper von Jesus hatten wir auch all diese Hoffnungen, diese Visionen begraben. Wir hatten alles, unser ganzes Leben, auf eine Karte gesetzt … und verloren. Also ja, wenn jemand behauptete, wir wären mit den Nerven am Ende und würden nur deshalb irgendwas von »Ein Toter ist wieder lebendig geworden« daherreden – wir hätten ihm sofort zugestimmt.

Weil am Freitag alles so schnell gehen musste, hatten Maria aus Magdala, die andere Maria und ich entschieden, dass wir den Leichnam von Jesus, wie es sich gehörte, noch nachträglich salben würden. Es war das Letzte, was wir für ihn – und für uns – tun konnten. Wir besorgten eine Salbe mit Rosenöl und machten uns auf den Weg zur Grabhöhle von Josef von Arimathäa.

Ich weiß noch, dass wir auf dem Weg mehrfach besorgt überlegten: »Wer wälzt eigentlich den Stein vor dem Grab weg?« Denn wir wussten, dass die Grabhöhle mit einem schweren Felsen verschlossen worden war. Kurz diskutierten wir, ob wir wohl zu dritt kräftig genug sein würden, schoben diesen Gedanken aber schnell zur Seite. Wir würden jemanden finden müssen, der uns half. Irgendwer würde schon da sein.

Doch dann sahen wir erstaunt: Die Felsplatte war schon weggerollt. Das Grab war offen. Wir blieben alle drei starr vor

Schreck stehen, als wir das sahen. Was war denn hier los? Grabräuber? Hatte jemand den Leichnam von Jesus geschändet, um uns, seine Anhängerinnen und Anhänger, zu demütigen? Wollte jemand uns, die wir schon alles verloren hatten, noch weiter in den Dreck treten?

Maria aus Magdala atmete mehrfach schwer ein und wieder aus. Dann sagte sie: »Also, ich gehe da jetzt rein. Ich will wissen, was los ist. Ich brauche Gewissheit.« Und wir, die beiden anderen Frauen, nahmen ihre Hände und folgten ihr. Zu dritt fühlten wir uns stärker.

In der Höhle war es dunkel … doch ganz rechts hinten war ein schwaches Leuchten zu sehen. Als unsere Augen sich an die Finsternis gewöhnt hatten, bemerkten wir, dass es ein junger Mann in einem weißen Gewand war. Schockiert schrien wir alle drei gleichzeitig auf. Wer war das? Was war das? Und warum schimmerte sein Gewand so eigentümlich, als strahle es selbst ein Licht aus? Unsere Hände, die weiterhin ineinanderverschränkt waren, griffen so fest zu, als könnten wir uns aneinander festhalten.

Da sprach der glänzende Jüngling: »Habt keine Angst! Ihr sucht Jesus aus Nazareth, den Gekreuzigten. Aber er ist auferstanden, er ist nicht mehr hier. Guckt, dort hatten sie ihn hingelegt. Und jetzt geht und sagt Petrus und seinen Jüngern, dass er nach Galiläa geht – dort werdet ihr ihn wiedersehen, wie er es euch angekündigt hat.«

Und dann war er weg. Einfach weg. Wie vom Erdboden verschwunden. Wir schauten uns alle drei mehrfach in der Grabhöhle um, aber es war niemand mehr zu sehen. Da schrien wir noch einmal auf und rannten hinaus. In Panik. Kopflos und total verwirrt.

Wie gesagt, wir haben es erst mal keinem erzählt. Auch wenn uns in meinem Haus einfiel, was Jesus einmal zu uns am Lagerfeuer gesagt hatte: »Der Menschensohn muss viel leiden. Er wird von den führenden Männern des Volkes, den obersten Priestern und den Schriftgelehrten verurteilt und getötet werden. Aber nach drei Tagen wird er von den Toten auferstehen.«

Damals hatten wir geglaubt, er rede wieder in Gleichnissen. Jetzt erkannten wir: Er hatte es genau so gemeint.

Und konnten es doch nicht glauben. Das war unmöglich. UNMÖGLICH! Tote stehen nicht wieder auf. Andererseits: Lazarus war auch wiederauferstanden. So viele Todkranke waren durch Gottes Hilfe wieder gesund geworden. Warum war unser Glaube nur so klein? Warum konnten wir das einfach nicht denken?

Manchmal kann ich es heute noch nicht glauben. Aber ich stand in seinem leeren Grab. Und der Engel hat zu mir gesagt: »Er ist auferstanden!«

ZUM WEITER-DENKEN
Frauen galten in der Antike nicht als verlässliche Zeugen. Und doch waren es lauter Frauen, die als Erste von der Auferstehung Jesu erzählten. Und die es selbst nicht glauben konnten.

- Glaube ich, dass Jesus von den Toten auferstanden ist, wie es die Evangelien berichten?

- Wenn mir jemand heute erzählen würde, ihm wäre Gott begegnet, halte ich das für möglich?
- Wie geht es mir grundsätzlich damit, Dinge zu akzeptieren, die man nicht erklären kann?
- Ist es nicht mit dem Glauben wie mit der Hoffnung oder der Liebe: Wir brauchen sie, auch wenn wir sie nicht erklären können?

Bibelstelle: Lukasevangelium 24,1-12

56. Thomas

ICH GLAUBE, HILF MEINEM UNGLAUBEN

Wer's glaubt, wird selig. Aber wer genau hinschaut, wird vernünftig.

Jetzt sind sie verrückt geworden. Das war der erste Gedanke, der mir durch den Kopf fuhr, als die anderen mir wie berauscht verkündeten: »Wir haben Jesus gesehen.«

Logisch: Wenn du mit allem, was du bist und hast, einer fixen Idee hinterherrennst und dann alles wie ein Kartenhaus zusammenstürzt, dann suchst du dir in deiner Panik irgendwas, das dir hilft, das Durcheinander in deinem Kopf zu verarbeiten.

»Wir haben Jesus gesehen.« »Ja ja. Und ich bin der Kaiser von China. Oder eine Tänzerin am Hof von Herodes.« Aber die haben mir überhaupt nicht zugehört. Es sah wirklich aus, als hätten sie irgendwelche Drogen genommen: geweitete Pupillen, schneller Atem, rosig schimmernde Haut.

Zudem haben sie überhaupt nicht aufgehört zu reden. »Thomas, stell dir vor: Jesus ist wie ein Geist durch die verschlossene Tür gekommen.« *Hallo?! Durch eine verschlossene Tür. Geht da vielleicht eure Fantasie mit euch durch? Ist das hier eine Geisterstunde für Arme?*

Wenn ich es richtig verstanden habe, war es angeblich so: Jesus stand auf einmal mitten unter ihnen und hat gesagt: »Friede sei mit euch!« Was ich nicht besonders kreativ finde. Das hat er immer gesagt. Das sagen bei uns alle, wenn sie einen Raum betreten. Wenn es ernsthaft der wiedergekehrte Jesus gewesen wäre, hätte er dann nicht etwas viel Staatstragenderes von sich gegeben? So was wie: »Hört mich an: Das Reich Gottes ... jetzt ist es angebrochen!« oder »Der Tod konnte mich nicht halten, es siegt das Leben.« Oder wenigstens: »Na, damit habt ihr wohl nicht gerechnet ...«

Aber immerhin: Nach dieser Begrüßung soll Jesus den verblüfften Frauen und Männern seine Verletzungen gezeigt haben, die durchbohrten Hände und die tiefe Wunde am Bauch, die ihm einer der Soldaten beigebracht hatte, um zu sehen, ob er noch am Leben war.

Was mich auch wieder misstrauisch machte. Offensichtlich sah Jesus nicht mehr so aus wie vorher. Sonst hätte er ihnen die Wunden ja nicht zeigen müssen. Komisch, oder? Hat man, wenn man von den Toten aufersteht, ein anderes Gesicht oder was? Alles ziemlich dubios. Und nicht sehr glaubwürdig.

Also, nach dieser »Schaut euch meine Wunden an«-Nummer hat sich Jesus angeblich hingestellt und theatralisch erklärt: »So, wie mich der Vater gesandt hat, so sende ich euch.«

Und jetzt haltet euch fest ... dann hat er sie wohl angehaucht und dazu erklärt: »Empfangt den Heiligen Geist! Wem ihr die Sünden vergebt, dem sind sie vergeben; wem ihr die Vergebung verweigert, dem ist sie verweigert.«

Alles klar. Oder? Das passte ja wie die Faust aufs Auge. Erst eine himmlische Erscheinung, dann eine geistliche Beauftragung. Nehmt's mir nicht übel, aber so haben das selbst ernannte

Heilige schon immer gemacht. Einfach behauptet, sie hätten eine besondere Berufung erhalten«.

Was willst du denn da als Außenstehender noch sagen? Ja, ich war auf einmal überzeugt: Die Jünger hatten sich mal eben eine Legitimation für alles geholt. »Der Herr hat uns den Heiligen Geist verliehen – und dir nicht.«

Heute sehe ich das alles anders. Aber ich möchte, dass ihr wisst, welche Gedanken an diesem Abend in meinem Kopf rumort haben. Denn es erklärt, warum ich in das wilde Gewimmel der Stimmen, die mir alle ihre Version der Ereignisse aufdrängen wollten, gebrüllt habe: »Wenn ich nicht die Male der Nägel an seinen Händen sehe und wenn ich meinen Finger nicht in seine Seite lege, glaube ich euch nicht.«

Basta.

Und dann? Dann passiert eine Woche lang nichts. Rein gar nichts. Keine Erscheinung mehr. Keine Berufung. Kein Auftreten eines eben noch tot Geglaubten. Und während die anderen weiter in ihrem Fieberwahn blieben, wurden meine Zweifel mit jedem Tag größer. Ich könnte auch sagen: Meine Gewissheit, dass es sich hier um einen kollektiven Wahn handelte, wurde mit jedem Tag größer. Weil Tote nun mal nicht zurückkommen.

Acht Tage nach diesen unglaubwürdigen Schwärmereien hatten sich die Jünger erneut versammelt – und diesmal war ich dabei. Wobei ich ihnen vorher schon gesagt hatte: »Wenn er heute wieder nicht aufkreuzt, dann wissen wir: Ihr seid alle nicht mehr ganz bei Trost!« Das war der Moment, in dem ich den Spitznamen bekam, den ich nie wieder loswerden sollte: »Der ungläubige Thomas«

Dann jedoch passierte es: Die Türen waren verschlossen – ich hatte sie sogar selbst verriegelt –, und trotzdem stand Jesus auf einmal in unserer Mitte und sagte fröhlich: »Friede sei mit euch!«

Dann machte er zwei oder drei Schritte auf mich zu und forderte mich auf: »Thomas! Streck deinen Finger aus – hier sind meine Hände! Streck deine Hand aus und lege sie in meine Seite … und sei nicht ungläubig, sondern gläubig.«

Ich habe ihn mit offenem Mund angestarrt. Eine gefühlte Ewigkeit. Dann habe ich gestammelt: »Mein Herr und mein Gott.«

Daraufhin nahm er mich in den Arm. Und während er mich hielt, flüsterte er mir ins Ohr: »Weil du mich gesehen hast, glaubst du. Selig sind, die nicht sehen und doch glauben.«

ZUM WEITER-DENKEN

Der Name »Der ungläubige Thomas« ist in die Geschichte eingegangen. Doch die Zweifel des Jüngers an der Auferstehung sind nachvollziehbar – und beschäftigen Menschen bis heute.

- An welchen Aussagen des christlichen Glaubens zweifle ich gelegentlich und warum?
- Welche Beweise würde ich mir wünschen, damit meine Zweifel an Gott beseitigt werden?
- Was genau meint Jesus wohl mit dem Satz: »Selig sind die, die nicht sehen und doch glauben«?
- Welche »unglaubwürdige« Geschichte ist mir in meinem eigenen Leben widerfahren?

Bibelstelle: Johannesevangelium 29,24-31

57. Kleopas

BRANNTE NICHT UNSER HERZ?

Kennt ihr den Spruch: »Ich sehe den Wald vor lauter Bäumen nicht«? So ist es mir ergangen. Was ich bis heute nicht verstehen kann. Die Frage ist doch: War ich blind? Abgelenkt? Verwirrt? Oder hatte ich einfach Tomaten auf den Augen?

Tatsache ist: Dreieinhalb Stunden bin ich wie ein Trottel neben Jesus hergelaufen und habe ihn nicht erkannt. Dreieinhalb Stunden. Und ich würde behaupten, ich kannte ihn vorher wirklich gut. Ich war schließlich monatelang mit ihm unterwegs gewesen. Tag und Nacht. Da lernst du einen Menschen schon kennen. Trotzdem habe ich ihn nicht erkannt.

Das ist ungefähr so, als liefest du dreieinhalb Stunden neben einer Frau her, ohne zu merken, dass sie die Frau ist, mit der du verheiratet bist. Überraschung! Hä? Kann man denn so verblendet sein?

Zu meiner Entlastung kann ich höchstens anführen, dass ich ja dachte, er wäre tot. Vermutlich weigert sich unser Verstand einfach, Dinge zu denken, die nicht sein können. Oder eben Personen zu erkennen, die da nicht rumlaufen dürfen, weil sie in einer Grabhöhle liegen.

Ja, einige Frauen aus unserer Mitte hatten uns erzählt, dass sie seine Leiche nicht gefunden und von einem Engel gehört hätten, dass er am Leben sei. Aber ... na ja, Frauen! Was die immer alles für Zeug erzählen, wenn der Tag lang und das Wetter trüb ist.

Immerhin bin ich daraufhin höchstpersönlich mit einigen anderen zum Grab gelaufen, um nachzuschauen. Hat aber nichts gebracht. Also, ja, die Höhle war leer, aber Jesus ist nicht aufgetaucht. Und ein Engel auch nicht. War nur eine öde, leere Felsspalte.

Da hat es mir gereicht. Da konnte ich nicht mehr. Ich war überzeugt gewesen: Jesus ist ein Prophet, DER Prophet, derjenige, der Israel erlösen wird. Der mich erlösen wird. Uns alle. Und jetzt? Für noch eine wundersame Geschichte fehlte mir echt die Kraft.

Also habe ich mich mit einem der anderen Anhänger von Jesus, der wie ich aus dem Dorf Emmaus kam, auf den Weg gemacht. Ich weiß, es klingt dämlich, aber wir haben einfach aufgegeben. Entschieden: *Schluss jetzt! Das war's!* Ein Mensch kann eine gewisse Zeit lang eine Hoffnung am Leben erhalten, aber irgendwann geht es nicht mehr.

Wenn du dich dann weiter an so einem gescheiterten Traum festklammerst, dann reißt dich dein Traum irgendwann mit in den Abgrund. Das wollten wir beide nicht. Also haben wir die Flucht nach vorn angetreten.

Und dann saß da diese Gestalt am Wegesrand. Hat gefragt, ob sie sich uns anschließen kann. Ein Mann in unserem Alter, vielleicht etwas jünger. Sympathisches Gesicht. Leicht untersetzt. Hätte mich jemand gefragt, ob ich ihn schon mal gesehen habe, ich hätte Stein und Bein geschworen: »Der ist mir völlig unbekannt.«

Dennoch konnte ich es nicht lassen, das Gespräch auf Jesus zu bringen. Auf unsere geplatzte Hoffnung und die Trauer darüber, dass jetzt alles vorüber war. Die Gestalt blieb kurz stehen, mitten auf der staubigen Straße, und fragte: »Wovon redet ihr da eigentlich?« Also habe ich ihm erst mal alles erläutert. Und gedacht: *Wo war der denn die letzten Tage?*

»Bist du der einzige Besucher von Jerusalem, der nicht mitbekommen hat, was passiert ist? Diese Sache mit Jesus aus Nazareth, der ein ziemlich mächtiger Prophet war und von den Hohenpriestern und Oberen zum Tode verurteilt und gekreuzigt wurde. Das Ganze ist gerade mal drei Tage her.«

Die Person senkte ein bisschen den Kopf und sagte dann auf einmal: »Oh, ihr seid echt erstaunlich, zu verbohrt, um euch an das zu erinnern, was die Propheten gesagt haben! Die haben doch prophezeit, dass der Retter leiden muss, um Gottes Herrlichkeit aufzuzeigen?«

Und dann hat er voller Elan auf uns eingeredet, um uns anhand der Heiligen Schriften Vers für Vers zu zeigen, dass das alles so kommen musste. Ja, dass die Ereignisse genau so angekündigt gewesen wären, wie sie passiert sind.

Verstanden habe ich wenig von dem, was er da von sich gegeben hat. Aber als wir in Emmaus angekommen waren, wollten wir ihn am liebsten nicht gehen lassen, weil uns seine Worte irgendwie faszinierten. Außerdem war es ein Zeichen der Gastfreundschaft, einem Weggefährten einen Schlafplatz anzubieten. Also sagte ich: »Bleib bei uns, denn es will Abend werden, und der Tag hat sich geneigt.«

Er stimmte zu.

Und jetzt muss ich euch eines fragen: Ist euch mal aufgefallen, dass jeder Mensch so seine individuellen Gesten hat, die ihn auszeichnen? Typische Arten ... was weiß ich ... sich am Kopf zu kratzen, auf etwas zu deuten, sein Missfallen auszudrücken oder herumzuzappeln, wenn man aufgeregt ist.

Mir war an dem Tag, an dem Jesus verraten wurde, aufgefallen, dass er das Fladenbrot in einer ihm ganz eigenen Weise teilte. Mit einem festen Ruck – irgendwas zwischen Reißen, Brechen und Ziehen. So hatte ich das noch bei niemand anderem gesehen.

Und die Person, die kurz darauf mit uns am Esstisch saß, nahm das Brot, dankte und ... teilte es ... mit einem festen Ruck ... irgendwas zwischen Reißen, Brechen und Ziehen. Mein Freund und ich sahen uns an. Fragend. Verstehend. Staunend. Und riefen sehnsüchtig: »Jesus?! Bist du es?«

Da verschwand der Fremde. Vor unseren Augen. Und nahm all unsere Zweifel mit sich.

Noch in der gleichen Nacht kehrten wir nach Jerusalem zurück und erzählten den anderen, was geschehen war. Ich weiß noch, wie ich unterwegs meinen Freund fragte: »Brannte nicht unser Herz, als er bei uns war?«

Wobei ... das Schönste daran ist: Dieses Brennen hat seither nicht mehr aufgehört.

ZUM WEITER-DENKEN

Manchmal reicht eine kleine Geste, um die Wahrheit zu erkennen. Die Geschichte der Emmaus-Jünger zeigt, wie schnell aus Mutlosigkeit wieder Zuversicht werden kann.

- Wie würde ich einem Fremden erklären, was an Ostern in Jerusalem vor sich gegangen ist?
- Ist es mir schon mal passiert, dass ich im Rückblick erkannt habe: Gott war bei mir?
- Woran erkennt ein Mensch überhaupt, dass Gott gerade mit ihm ist und ihn begleitet?
- In welchen Situationen und bei welchen Gelegenheiten würde ich sagen: »Da brannte mein Herz!« oder »Da brennt mein Herz!«

Bibelstelle: Lukasevangelium 24,13-33

58. Thaddäus

DU FÄHRST AUF WOLKENWAGEN

Also: Das mit der Wolke habe ich natürlich erst später kapiert. Obwohl es mir von Anfang an hätte klar sein müssen: »Wolke! Gott! Gott in Gestalt einer Wolke. Natürlich: Die Wolke steht für die Gegenwart des Himmels. Für die Gegenwart Gottes.«

Das hätte ich mir denken können. Schließlich hat sich Gott den Menschen oft genug als Wolke gezeigt. Schon in den Zeiten, in denen er unser Volk aus der Sklaverei in Ägypten geführt hat, ist er vor uns hergegangen – in Gestalt einer Wolke.

Als Jesus damals in den Himmel fuhr, war ich jedoch von diesem Anblick so gebannt, so überwältigt, dass mir die Bedeutung dieses Vorgangs nicht sofort klar wurde.

Wobei: »In den Himmel fahren« – das trifft es ohnehin nicht. Das klingt, als hätte Jesus Flügelschuhe angezogen und sich auf- und davongemacht. Abgehoben. Es war aber ganz anders.

Als wir den anderen später davon erzählten, haben wir deshalb die Formulierung benutzt: »Er wurde emporgehoben und eine Wolke nahm ihn auf.«

Also: Jesus hat nichts getan, etwas *wurde* an ihm getan. Trotzdem sah es für uns so aus, als würde er entschwinden. Aber was uns dieses Ereignis sagen wollte, das musste sich mir erst nach und nach offenbaren. Schritt für Schritt.

Das fängt schon damit an, dass eine Himmelfahrt an sich ja gar nichts Besonderes ist. Also, natürlich schon – das erlebt man nicht jeden Tag. Aber in unserer Kultur, in den großen Legenden unseres Volkes, wird andauernd von Himmelfahrten erzählt. Und die römischen Götter sind ohnehin pausenlos zwischen Himmel und Erde unterwegs. Denkt doch nur mal an die vielen Geliebten des Zeus, die der Herrscher des Olymps angeblich regelmäßig besucht. Das ist ein ständiges Auf und Ab.

Nein, ihr Lieben, in der Tatsache, dass Jesus in den Himmel aufgehoben wurde, habe ich eine ganz andere Botschaft entdeckt. Eine viel heiligere Botschaft. Und die hat damit zu tun, dass es – meiner Meinung nach – bei der »Himmelfahrt« gar nicht um einen Ortswechsel ging. Ich meine, wir Israeliten gehen ohnehin davon aus, dass der Himmel kein konkreter Ort ist. Kein fernes Gefilde. Nein! Der Himmel, also »Himmel« überhaupt – das ist ein Ausdruck für die vollkommene Nähe Gottes. Und die kann überall sein. Auch bei uns.

Versteht ihr: Dass Jesus vor unseren Augen entrückt wurde, ist ein Zeichen dafür, dass er fortan in der vollkommenen Nähe Gottes leben würde. Und das, ihr Lieben, war doch genau das, was er uns all die Jahre gepredigt hatte: »Das Himmelreich ist nah herbeigekommen.« Mit anderen Worten: Es ist möglich, in der vollkommenen Gegenwart Gottes zu leben. Gott ist nicht fern, sondern nah. Und sein Himmelreich ist nicht fern, sondern hier und jetzt erfahrbar. Es ist nicht in den Wolken, sondern die Wolke verkündet: Er ist hier. Mitten unter uns!

Woher ich das weiß, ihr Lieben? Als wir starr vor Schreck in den Himmel guckten und nicht wussten, wie uns geschah, da tauchten auf einmal neben uns zwei Männer in langen weißen Gewändern auf … ihr wisst schon: Männer in langen weißen Gewändern! Engel! Boten Gottes! Halleluja!

Anscheinend war sogar Gott der Ansicht, dass er dieses mysteriöse Entschwinden seines Sohnes kommentieren müsse. Jedenfalls erklärten uns die Engel lässig und indem sie beide exakt gleichzeitig sprachen, als wären sie eine Person – obwohl einer eine sehr hohe und der andere eine eher tiefe Stimme hatte: »Ihr Männer von Galiläa, was steht ihr da und seht gen Himmel? Dieser Jesus, der von euch weg gen Himmel aufgenommen wurde, wird so wiederkommen, wie ihr ihn habt gen Himmel fahren sehen.«

Versteht ihr, ihr Lieben? Gott sagte uns unmittelbar: »Glotzt nicht so in den Himmel. Darum geht's nämlich nicht. Es geht nicht darum, dass ein außergewöhnlich heiliger Mensch eine Sondergenehmigung zum Aufstieg an einen außergewöhnlich heiligen Ort wie das Paradies bekommen hätte. Es geht darum, dass der Übergang zwischen Himmel und Erde jetzt durchlässig ist. Ja, ganz und gar durchlässig! So kann auch Jesus von nun an jederzeit hoch- und runterfahren.«

Mehr noch: Wenn der Übergang zwischen Himmel und Erde von diesem Moment an durchlässig war, dann kann der Himmel – und noch mal: damit ist die Gegenwart Gottes gemeint –, die Gegenwart Gottes also, von jeder und jedem hier auf Erden erfahren werden. Ist das nicht fantastisch? Der Himmel ist mitten unter uns!

Als mir das deutlich wurde, habe ich nur noch gejubelt: »Los, wir müssen nach Jerusalem und den anderen alles erzählen!« Daraufhin schaute mich einer der anderen Jünger, die mit dabei waren, skeptisch an: »Und was willst du genau erzählen? Hast du denn begriffen, was hier gerade abgegangen ist?«

»Ja natürlich!«, habe ich gelacht. Und dann habe ich ihm erklärt, wie ich die Worte der Engel verstanden habe, nämlich als ein Zeichen. Ein Zeichen dafür, dass jede und jeder von uns eine persönliche Himmelfahrt erleben kann. Du und ich! Wir alle.

Ja, jeder Mensch, der erkennt, dass Gott ihn immer umgibt, so wie eine Wolke einen Berggipfel umhüllt, so jemand – wie soll ich es sagen? –, so jemand erlebt den Himmel auf Erden am eigenen Leib. Der ist quasi schon jetzt ein Bürger oder eine Bürgerin des »Himmelreichs«.

Versteht ihr? Ich fühle mich seither als Bürger des Himmelreichs. Es ist schon da. Erfahrbar. Und glaubt mir, ihr lebt anders, wenn ihr überall die Spuren des Himmels in eurem Leben entdeckt. Das ist Himmelfahrt, ihr Lieben!

ZUM WEITER-DENKEN

Ist Jesus an Himmelfahrt wie eine Rakete gen Himmel gestartet? Nein! Die Erzählung aus der Apostelgeschichte hat eine ganz andere Botschaft. Eine, die uns alle angeht.

- Wie habe ich mir die Himmelfahrt Jesu bislang vorgestellt und was bedeutet sie für mich?
- Was meint Jesus, wenn er davon spricht, dass »das Himmelreich mitten unter uns« ist?

- Was könnte sich für mich ändern, wenn ich mich als »Bürgerin oder Bürger des Himmelreichs« verstehen würde?
- Was bedeutet es, sich Gott ganz nah zu fühlen – und wie kann man dieses Ziel erreichen?

Bibelstelle: Apostelgeschichte 1,1-11

39. Stephanus

ICH SEH' DEN HIMMEL OFFEN

Ich grüße euch. Und danke euch, dass ich heute zu euch sprechen darf. Mein Name ist Markus und ich bin überwältigt davon, dass heute so viele gekommen sind ... trotz des Risikos. Das erfordert Mut.

Wir alle wissen: Es sind keine einfachen Zeiten. Nein, das sind sie wirklich nicht. Und ich weiß, dass einige von euch Angst haben. Große Angst sogar. Verständlicherweise. Immer wieder werden Menschen, die wie wir versuchen, nach den Lehren von Jesus zu leben, festgenommen, gefoltert und sogar getötet. In manchen Regionen wird geradezu Jagd auf uns gemacht.

Die Obrigkeiten hassen uns ... uns, die wir eigentlich nur von Liebe reden. Sie beschimpfen uns als Gotteslästerer oder Abtrünnige, weil wir überzeugt sind, dass Gott seinen Sohn in die Welt gesandt hat. Wir werden auf offener Straße angespuckt und es werden Lügen über uns verbreitet: »Die Christen, die trinken Blut.«

Ihr wisst, dass wir kein Blut trinken. Wir feiern, dass Jesus im Abendmahl so spürbar bei uns ist, als wäre der Wein sein Blut. Ja, wir nehmen mit dem Wein Jesus in uns auf – aber wir sind keine Menschenfresser. Aber ja, das scheint vielleicht von außen betrachtet abartig.

Darum vergesst bitte nicht, dass Jesus uns gelehrt hat, dass wir unsere Feinde lieben sollen. Lasst uns Hass mit Liebe vergelten.

Lasst uns den Menschen ihre schlechte Laune vermiesen. Lasst uns ihre Furcht mit Hoffnung zudecken. Dazu müssen wir stark bleiben. Weil Liebe Kraft braucht.

Heute will ich euch von Stephanus erzählen. Er war stark. Und ich war dabei, als er vor dem Hohen Rat in Jerusalem verhört und dann gesteinigt wurde... Ich sehe, dass einige hier zusammenzucken: Ja, Stephanus ist für seinen Glauben gestorben. Doch als er starb, hatte er keine Angst. Im Gegenteil. Sein Gesicht leuchtete. Davon will ich berichten.

Falls ihr noch nichts von Stephanus gehört habt: Er war Diakon in Jerusalem. Einer der Männer, die eingesetzt wurden, als die griechischen Witwen das Gefühl hatten, sie würden bei der täglichen Versorgung mit Lebensmitteln benachteiligt. Und die Apostel hatten nicht genug Zeit, um sich um alle sozialen Belange zu kümmern. Deshalb haben sie sieben tüchtige Leute ausgesucht und sie damit beauftragt. Stephanus war einer von ihnen.

Und was für einer! Nicht nur ein begnadeter Diakon, sondern auch ein Mann – ich weiß gar nicht, wie ich es sagen soll, – ja, ein Mann, der spürbar vom Heiligen Geist erfüllt war. Einer, der zudem mitreißend predigen konnte. Es wird sogar erzählt, er habe des Öfteren verblüffende Zeichen und Wunder getan. Tatsächlich haben sich ständig Menschen aufgrund seiner Worte und Taten bekehrt.

Und genau das gefiel den geistlichen Obrigkeiten der Stadt überhaupt nicht. Sie haben Stephanus verleumdet. Haben behauptet, er hätte Mose und Gott beleidigt und andere gotteslästerliche Dinge getan. Vor allem aber haben sie ihm vorgeworfen, er wolle den Tempel und die heiligen Ordnungen des Judentums zerstören. Verständlicherweise.

Jesus hat ja tatsächlich erklärt, der Tempel würde zerstört und nach drei Tagen wiederaufgebaut, aber dabei hat er bildhaft von seinem eigenen Körper gesprochen. Dem Tempel des Heiligen Geistes. Und er ist ja auch nach drei Tagen wiederauferstanden.

Doch sie haben versucht, Stephanus aus diesem symbolisch gemeinten Satz einen Strick zu drehen. Und sie haben sogar bestochene Zeugen vor dem Hohen Rat aufgefahren, die irgendwelche obskuren Anschuldigungen vorgebracht haben.

Und Stephanus? Hat er Angst gehabt? Hat er gezittert? Hat er sich geduckt? Nein! Das hat er nicht. Im Gegenteil: Sein Gesicht leuchtete wie das eines Engels. So gelassen, so sicher war er. Er wusste: Es gibt nichts Besseres, als der Liebe Gottes zu vertrauen. Wenn Gott für uns ist, wer könnte dann gegen uns sein?

Genau diese innere Stärke hat die Wut seiner Gegner allerdings noch gesteigert. Mehrere von ihnen haben so laut mit den Zähnen geknirscht, dass ich es noch in der letzten Reihe gehört habe. Stephanus muss es auch gehört haben. Doch das hat seiner Freude über Gott keinen Abbruch getan.

Ich sehe das heute noch so vor mir wie damals: Stephanus hob den Kopf – so wie ich jetzt – und schaute hinauf zum Himmel. Nicht die knirschenden, tobenden Ankläger hatte er im Blick, sondern den Himmel. Ich weiß zwar nicht genau, was er da gesehen hat, aber er hat laut gerufen: »Ich sehe den Himmel offen und den Menschensohn zur Rechten Gottes stehen.« Danach lachte er – ausgelassen, fröhlich und selbstbewusst. Und sein Lachen riss alle Verzweiflung mit sich fort.

Seine Kritiker im Hohen Rat sprangen auf. Schrien laut. Hielten sich die Ohren zu. Verständlicherweise. Dass Gott einen Sohn haben könnte, empfanden sie als Sakrileg. So, wie sie ja auch nicht sehen wollten, dass Jesus der Messias ist. Dieser verurteilte und am Kreuz hingerichtete Aufrührer.

Einige der Kläger konnten sich nicht mehr beherrschen. Sie stürmten zu Stephanus, prügelten ihn vor das Stadttor und steinigten ihn dort. Ohne einen fairen Prozess oder einen Urteilsspruch. Doch auch als die Steine auf ihn einprasselten und das Leben in ihm zerschlugen, rief er weiter: »Ich sehe den Himmel offen!«

Wenn euch die Angst überkommt, dann wünsche ich euch diesen Halt des Stephanus … dass ihr rufen könnt: »Ich sehe den Himmel offen!«

ZUM WEITER-DENKEN

Stephanus gilt als erster Märtyrer, also als erster Mensch, der für seinen Glauben gestorben ist. Für die frühen Christinnen und Christen wurde er zu einem leuchtenden Vorbild.

- Haben meine (christlichen) Überzeugungen schon jemals dazu geführt, dass ich irgendwelche Nachteile hatte?
- Könnte es sein, dass viele Leute auch deswegen im Glauben wenig erleben, weil ihr Glaube nie gefordert wird?

- Was meinte Stephanus genau mit dem schönen Satz: »Ich sehe den Himmel offen«?
- Könnte ich das, was ich glaube, in einen Satz zusammenfassen? Und wie würde dieser Satz lauten?

Bibelstelle: Apostelgeschichte 6,1–8,3

40. Paulus

EIN NEUER MENSCH

Ich suche nach Worten. Nach Worten dafür, was genau geschieht, wenn ein Mensch Gott begegnet. Was das in ihm verändert. Wie man das Vorher und das Nachher unterscheiden kann.

Lässt sich das überhaupt in Worte fassen? Eine Offenbarung? Eine Gotteserfahrung? Eine Begegnung mit dem Schöpfer aller Dinge? Ein Hereinbrechen des Himmels auf Erden?

Die meisten von euch haben so einen Moment erlebt. Und doch sucht auch ihr weiter nach Worten. Meist umschreiben die vom Heiligen Berührten ihre Erleuchtung als eine grundlegende Veränderung ihrer Persönlichkeit. Oder nein, so kann ich das nicht sagen. Es ist wohl eher so, als sähen sie ihre Persönlichkeit in einem neuen Licht. Als sähen sie sich selbst mit den Augen Gottes.

Neulich habe ich geschrieben: »Nicht mehr ich lebe, sondern Christus lebt in mir.« Trifft es das? Ja und nein. Natürlich lebe ich noch, aber durchdrungen von der Liebe Gottes, erfüllt mit dem Heiligen Geist, bestimmt vom Evangelium Jesu. Und dadurch bin ich nicht mehr der, der ich vorher war. Ich bin anders. Neu.

Seit ich die Thora studiere, hat es mich fasziniert, dass Gott Menschen immer wieder neue Namen gegeben hat. Und ich bin inzwischen zu der Überzeugung gekommen: Das ist sein Weg, ihnen deutlich zu machen, dass sie nach der Begegnung mit ihm nicht mehr dieselben sind.

Aus Abram wurde Abraham, aus Sarai wurde Sarah, aus Jakob wurde Israel … und diese Tradition hat bis heute nicht aufgehört, denn aus Simon wurde Petrus. In dem Augenblick, in dem diese Leute ihr Leben in den Horizont Gottes gestellt haben, bekamen sie eine neue Identität. Wobei ich sicher bin, dass die äußerliche Umbenennung nur das bestätigen sollte, was innerlich in den Menschen passiert war: eine grundlegende Neuausrichtung ihres Daseins.

Ich suche nach Worten. Nach Worten dafür, was mir geschehen ist. Nur eines ist mir völlig klar: Ich bin ein neuer Mensch geworden. Ein befreiter Mensch: »Zur Freiheit hat uns Christus befreit.« Darum passt es, dass auch ich einen neuen Namen gewählt habe, dass meine Erneuerung dadurch besiegelt wurde, dass ich mich nicht mehr Saulus nenne, sondern Paulus.

Saulus war ein anderer. Ein Teil von mir – und doch ein mir heute nicht mehr Vertrauter. Ein »Eiferer für das Gesetz«, ein fanatischer Verfolger der Anhänger von Jesus. Einige von euch wissen auch, dass ich schon dabei war, als Stephanus gesteinigt wurde. Und ich kann Gott nur dafür danken, dass ich nicht mehr der bin, der ich damals war – denn der, der ich war … der hat einen Stein auf Stephanus geworfen. Voller Hass und Verachtung.

Dabei war ich ein gebildeter Mann, ein Pharisäer. Aber ich meinte zu jener Zeit, wenn Menschen wie Stephanus das Gesetz des Mose relativierten, dann würde die Welt untergehen. Und schon damals hatten die frühen Christengemeinden entschieden, dass neu bekehrte Nichtjuden sich nicht mehr beschneiden lassen mussten.

Was fällt den Leitern dieser abscheulichen Sekte ein?, habe ich in jenen Tagen gedacht: *Die Beschneidung ist eine Weisung Gottes. Sein Zeichen. Wer dieses Zeichen ablehnt, der lehnt Gott ab.* Heute weiß ich, dass die Liebe Gottes zu mir nichts, aber auch gar nichts damit zu tun hat, dass ich irgendwelche Zeichenhandlungen vollziehe. Was wäre das für eine Liebe: »Wenn du dich beschneiden lässt, dann habe ich dich gern!« So ist Gott nicht. Gott sei Dank!

Auf dem Höhepunkt meines Eifers meldete mir ein Bote, dass in Damaskus eine neue christliche Gemeinschaft gegründet worden sei, die regen Zulauf habe. Ich beschloss, dagegen vorzugehen und die Ketzer vor Gericht zu bringen, bevor sie sich breit aufstellen konnten. Voller Empörung machte ich mich auf den Weg.

Ich war nur noch eine halbe Tagesreise von Damaskus entfernt, als mein Pferd auf einmal scheute und mich abwarf. Es hatte sich aufgebäumt, und jetzt sah ich auch warum: Als hätte sich die Sonne vor uns aufgebaut, war die Luft von einem hellen Licht erfüllt, einem Strahlen, das alles zum Glitzern brachte und scheinbar in mich eindrang.

Dann kam aus dem Licht eine Stimme – drängend und doch nicht bedrohlich. Sie fragte: »Saulus, warum verfolgst du mich?«

Ich kniff die Augen zusammen, weil ich die Helligkeit nicht ertragen konnte. So wenig, wie ich diese Frage ertragen konnte. Diese Frage, die sich wie ein Dolch in meine Seele bohrte: »Saulus, warum verfolgst du mich?«

Ich wusste die Antwort nicht – aber ich wusste jetzt: Jesus lebt! Der Mann, von dessen Auferstehung ich so oft gehört hatte und die mir doch wie ein Ammenmärchen erschienen war, wie ein verzweifeltes Aufbäumen irgendwelcher Fanatiker, die es nicht ertragen konnten, dass ihr Idol jämmerlich verreckt war. Jetzt hatte dieses Idol mit mir gesprochen.

Ich suche nach Worten. Immer noch. Wohl auch, weil mir viele aus den Gemeinden, die ich später gemeinsam mit anderen Aposteln gegründet habe, Fragen schicken. Sie lieben die Geschichten, die ihnen von denen erzählt werden, die Jesus persönlich begegnet sind – und doch gieren sie inbrünstig nach Erklärungen.

Sie freuen sich über die Geschichten der Geheilten und wollen zugleich wissen: »Was genau ist Heilung?« Sie hören von denen, denen Gnade widerfahren ist, und wollen zugleich wissen: »Was genau ist Gnade?« Sie fiebern mit denen, die zum Glauben kommen und wollen zugleich wissen: »Was genau ist Glauben?«

Darum schreibe ich neuerdings Briefe. Briefe, in denen ich versuche, diese Fragen zu beantworten. Gelingt es mir? Ich weiß es nicht. Ich weiß nur eines: Ich wünsche jeder und jedem, der mich fragt, dass das, was ich zu formulieren wage, ihnen hilft, Gott so zu begegnen, dass sie irgendwann spüren: Ich bin ein neuer Mensch!

ZUM WEITER-DENKEN

Erfahrung und Erklärung sollten Hand in Hand gehen. Lange Zeit hat in der Theologie die Erklärung den Vorrang gehabt. Höchste Zeit, die Erfahrung als Quelle des Glaubens neu zu entdecken.

- Viele der neuen Namen biblischer Figuren sind sprechende Namen. Wie würde ich gern genannt werden?
- Wie würde ich mit meinen Worten beschreiben, was einen Glaubenden von einem Nichtglaubenden unterscheidet?
- Worin besteht wohl die sagenumwobene »Freiheit eines Christenmenschen«, von der Martin Luther spricht?
- Könnte ich mit wenigen Worten sagen, warum es schön ist, ein glaubender Mensch zu sein?

Bibelstelle: Apostelgeschichte 9,1-19

Nachwort:

Welche Liebesgeschichte erzähle ich?

Wem einmal etwas widerfahren ist, von dem er »Mit leuchtenden Augen« berichten kann, der wird nicht müde, anderen davon zu erzählen. Der Philosoph Wilhelm Schapp ist deshalb der festen Überzeugung: Wir alle sind »In Geschichten verstrickt« – so der Titel seines bekanntesten Buches.[1] Er meint damit: Wenn wir jemandem deutlich machen wollen, wer wir sind, dann hat die oder der andere nichts davon, wenn wir irgendwelche Fakten oder Daten runterrattern (Geburtsdatum, Geburtsort, Familienstand, Schulabschlüsse oder Beruf) … wer wir wirklich sind, das verraten die Geschichten, die wir mit anderen teilen. Und vor allem die Geschichten, die wir »Mit leuchtenden Augen« erzählen – die, an die wir unser Herz verloren haben.

Mich wundert es nicht, dass sich die Botschaft des Christentums durch solche Geschichten in den ersten Jahrhunderten wie ein Lauffeuer verbreiten konnte. Weil es eben einen Unterschied macht, ob wir von bestimmten Erfahrungen »nur« lesen – oder ob sie uns von einem Menschen aus Fleisch und Blut berichtet werden … mit all den darin verwobenen Gefühlen und mit spürbarer Leidenschaft. Genau das versucht diese kleine Sammlung biografischer Kurzgeschichten zu zeigen: wie nah uns Geschichten kommen, wenn die Beteiligten sie selbst erzählen.

Dabei gilt für die Verkündigung des Evangeliums: Es ist gut und wertvoll, die biblischen Geschichten zu lesen – noch besser ist es, sie von Menschen erzählt zu bekommen, die davon persönlich berührt wurden. Am allerbesten ist es aber, wenn die Geschichten der Bibel dazu führen, dass wir eigene Glaubensgeschichten erzählen können, Geschichten von eigenen Erfahrungen mit dem Himmel. Denn darum geht es doch: dass wir nicht nur lesen, was andere mit Gott erlebt haben, sondern dass wir selbst etwas mit Gott erleben.

Der Theologe Friedrich Schleiermacher hat deshalb sehr anschaulich geschrieben: Nicht der ist glaubensstark, »der an eine heilige Schrift glaubt, sondern der, welcher keiner bedarf und wohl selbst eine machen könnte.«[2] Damit meint er keineswegs, dass die Bibel als Heilige Schrift überflüssig würde, sondern dass derjenige ein wahrhaft Glaubender ist, in dessen Dasein die Botschaft von der Liebe Gottes (die natürlich oft durch die Bibel vermittelt wird) so präsent ist, dass er anderen mit seiner eigenen göttlichen Liebesgeschichte etwas von der Schönheit des Glaubens verdeutlichen kann.

Ich wünsche mir sehr, dass die »Augenzeugenberichte« in diesem Buch Ihnen Lust machen, solchen Lebens- und Liebesgeschichten und ihren Auswirkungen noch intensiver nachzuspüren. Und dass sie Mut machen, die eigenen Geschichten dann auch zu erzählen.

Denn eines ist bei diesen 40 biblischen »Berichten« sicher deutlich geworden: Wer von seinem Glauben erzählt, der muss nicht immer dogmatisch einwandfrei formulieren, der darf auch seine Zweifel und Ängste benennen – und der muss nicht in der Lage sein, die gesamte Theologiegeschichte wiederzugeben. Er darf seine »Wahrheit« zur Diskussion stellen.

Dabei gilt: Wenn ein Mensch eine persönliche Erfahrung gemacht hat, in der er die Spuren Gottes zu erkennen meint, dann sollte es etwas ganz Natürliches sein, anderen davon zu erzählen.

Wenn ich einen bewegenden Film sehe, ein gutes Buch lese, eine großartige Ausstellung besuche, ein tolles Skigebiet kennenlerne oder einen atemberaubenden Wanderweg entdecke, dann rufe ich meine Freunde an und sage ihnen: »Hey, das müsst ihr auch erleben. Das dürft ihr auf keinen Fall verpassen. So schön ist das!«

Genauso ist es mit dem Glauben. Wenn wir eine kostbare geistliche Erfahrung machen, dann möchten wir sie den Menschen, die wir lieben, nicht vorenthalten: »Das müsst ihr auch erleben. Das dürft ihr auf keinen Fall verpassen. So schön ist das!«

Ich mache die Erfahrung: Andere an bewegenden Glückserfahrungen teilhaben zu lassen, ist für alle Beteiligten faszinierend. Und so haben es auch die Christinnen und Christen in den ersten Jahrzehnten erlebt. Sie haben erzählt … und damit viele Menschen begeistert. Deshalb hat der wunderbare Sprachkünstler Fulbert Steffensky einmal gesagt: »Mission heißt: von dem erzählen, was ich liebe.«[3] Ich erzähle… und die Zuhörerinnen und Zuhörer können frei und entspannt entscheiden, ob sie sich von meinen Worten berühren lassen.

In diesem Sinne: Lasst uns Liebesgeschichten erleben und davon erzählen. »Mit leuchtenden Augen«.

Materialien für Gruppen

Theologie kann man übersetzen mit: »über den Glauben reden«! Deswegen laden die hinter jeder Geschichte aufgeführten Fragen »ZUM WEITER-DENKEN« auch dazu ein, mit anderen Leuten ins Gespräch zu kommen. Manchmal reichen die vier Fragen schon aus, um sich einen ganzen Abend lang angeregt auszutauschen. Aber natürlich hilft es, so ein Gespräch ein bisschen zu strukturieren. Dazu gibt es hier ein paar kleine Anregungen.

1. ATMOSPHÄRE

Es redet sich viel leichter, wenn es dabei etwas zu essen und zu trinken gibt und der Raum oder der Tisch schön geschmückt ist. Und mancher ist erstaunt, wie erhellend eine Kerze für das Miteinander sein kann.

2. STRUKTUR

Je klarer ein Gesprächsablauf strukturiert ist, desto besser. Wie wäre es: Erst erzählt jede und jeder, was sie oder ihn gerade beschäftigt, dann wird die Geschichte vorgelesen – und anschließend reden wir anhand der Fragen darüber, was sie für uns bedeuten könnte.

3. EMOTIONALITÄT

Ermutigen Sie die Menschen, wirklich von sich selbst zu reden – nicht von allgemeingültigen Wahrheiten. Deshalb ist die Frage: »Was berührt mich an dieser Geschichte?« viel wegweisender als die Frage: »Wie ist das zu verstehen?«.

4. GEISTLICHES

Ein Gebet, ein Segen, ein Lied oder ein zur Geschichte passendes Ritual: Menschen sind meist viel offener für die Möglichkeit, selbst etwas Geistliches zu erfahren, als wir gemeinhin denken. Einfach mal ausprobieren.

Das Neue Testament zeigt, dass es zu den Zeiten, als die Menschen ganz selbstverständlich ihre Geschichten erzählten, üblich war, im Anschluss angeregt weiterzureden. Mit anderen Worten: Wenn wir wieder den Mut finden, unsere Liebesgeschichten mit Jesus zu erzählen und andere zur Auseinandersetzung damit einzuladen, erleben wir tatsächlich etwas von dem Geist, der die junge Christenheit geprägt hat.

Über den Autor

Fabian Vogt ist Schriftsteller, Theologe und Künstler. Er arbeitet mit einer halben Stelle in der kirchlichen Zukunftswerkstatt »midi« in Berlin, wenn er nicht als Kabarettist auf der Bühne steht (»Duo Camillo«), als Radiopfarrer geistliche Impulse beim Kultsender hr3 präsentiert (»Moment mal«) ... oder eben Romane und Geschichten schreibt.

Mehr Infos gibt es unter www.fabianvogt.de

Weitere Veröffentlichungen:

- MännerÜberraschung. Holzgerlingen 2023.
- Stories of Faith. Die Basics des Christentums in 153 chilligen Posts. Leipzig 2023.
- Jesus für Eilige. Seine wichtigsten Ideen kurz & knackig. Leipzig 2022.
- Drei Leben. Roman. Leipzig 2020.
- 100 Dinge, die du NACH dem Tod auf keinen Fall verpassen solltest. Der kleine Reiseführer durch das Jenseits. München 2023.

Anmerkungen

[1]   Wilhelm Schapp. In Geschichten verstrickt. Zum Sein von Mensch und
      Ding. Mit einem Vorwort von Hermann Lübbe und einem Vorwort zur
      5. Auflage von Karen Joisten. 5. Aufl. 2012. XIV, Klostermann Rote Rei-
      he 10.

[2]   Friedrich Daniel Ernst Schleiermacher. Über die Religion. Reden an die
      Gebildeten unter ihren Verächtern. 1. Aufl. 1799 in der Kritischen Ge-
      samtausgabe. Berlin – New York 1980ff., KGA 1/2, S. 242.

[3]   Fulbert Steffensky in der Zeitschrift »Chrismon« vom 14.05.2006.

Fabian Vogt

Männerüberraschung
Was zum Schmunzeln, was zum Genießen,
was zum Weiterdenken

Authentisch und lebensecht – 50 Kurztexte von Mann
zu Mann. Kabarettist Fabian Vogt erzählt höchst unter-
haltsam vom Mannsein, vom Alltag – und von den großen Fragen des Lebens. Denn manchmal ist das Leben
wie ein Überraschungsei! Ein kurzweiliger Mutmacher
und ein tolles Geschenk voller Humor.

Flexcover, 11,5 × 18 cm, 144 Seiten,
2-farbige Innengestaltung
Nr. 227.000.050 | ISBN: 978-3-417-00052-8

SCM

R.Brockhaus

Bernd R. Hock

Moment, ich lebe gerade!
Sorgen raus, Freude rein

In diesem Buch treffen Sie auf Mut machende Wege,
um Dankbarkeit und Zufriedenheit wieder Tür und Tor
zu öffnen. Mit viel Witz und Humor macht Bernd R. Hock
sich auf die Suche nach dem Hier und Jetzt - und nimmt
Sie mit auf diese Reise. Sind Sie dabei?

Kartoniert, 12,5 × 18,7 cm, 176 Seiten
Nr. 396.216.000 | ISBN: 978-3-7751-6216-6